JN408683

장미의 손

장웅상 제2시집

문학공원 시선 258

장미의 손

장웅상 제2시집

〈자서〉

희망으로 물들어가는 시

부족한 제가 두 번째 시집을 출간한 것에 대해 먼저 하나님께 영광 돌립니다. 제게 신앙의 문을 열어주신 소강석 담임목사님, 기독교의 교리를 흥미롭게 가르쳐주시는 메디컬 처치의 이재훈 목사님, 제 인생의 멘토이신 최규훈 목사님, 제가 속한 4교구의 성장을 위해 노력하시는 서성동 교구목사님, 늘 교회에서 밝은 얼굴로 맞이해주시는 최경자 전도사님, 차수진 집사님, 이순덕 집사님 그리고 새에덴교회의 모든 분들께도 깊은 감사를 드립니다.

작년 12월 국제미래강사 교육연구원의 원장이신 최규훈 교수님의 전도로 죽전에 있는 새에덴교회에 처음 참석했습니다. 그 후 금요 철야기도에 참석했을 때 저는 많은 분들이 눈물을 흘리며 참회의 기도를 드리는 것을 잘 이해하지 못했습니다. 10개월 동안 주일 성수를 하고 하나님의 말씀인 성경을 읽고 금요 철야기도를 하면서 저도 모르게 눈물이 비 오듯 쏟아졌습니다. 그때 주님께서 제 옆에서 저를 지켜보시는 것 같았습니다.

떨어지는 사과를 보고 만유인력의 법칙을 발견한 뉴턴은 이런 말을 했습니다. "망원경을 통해서는 천리를 보지만 기도를 통해서는 천국을 본다." 앞으로 주님이 저를 위해 계획하신 길을 최선을 다해 걸어가겠습니다. 구름 속에 희망의 무지개가 떠오릅니다.

매주 화요일 저녁 7시부터 9시까지(방학 제외) 서울 시인대학의 시인들과 함께 시를 공부해서 행복합니다. 제 두 번째 시집 『장미의 손』의 서문을 써주시고 항상 열정적으로 시의 이론에 대해 깊이 있는 강의를 해주시는 최병준 학장님과 제 시집 『장미의 손』의 시평을 멋지게 해주신 문학공원의 김순진 대표님께 진심으로 감사드립니다.

셰익스피어를 모르고 영문학을 논하지 말라는 말이 있습니다. 저는 국문학을 모르고 인생을 논하지 말라고 말하고 싶습니다. 저는 국문학이 좋아서 한국방송대 국어국문학과를 졸업하고 재편입했습니다. 저에게 국문학의 즐거움을 알게 해주신 고성환 총장님(방송대 국어국문학과 교수님), 방송대 국어국문학과의 이호권 교수님, 송정근 교수님, 이상진 교수님, 박종성 교수님, 김신정 교수님, 박영민 교수님께 머리 숙여 감사드립니다. 방송대 국문학과를 위해 함께 봉사하시는 최홍근 회장님을 비롯하여 42대 전국연합회의 국어국문학과 회장님들께도 고맙다는 말씀을 전합니다.

끝으로 저를 항상 응원해주는 저의 학문적 동지인 장창호 친형님과 부족한 저를 항상 옆에서 응원해주는 아내에게 제 두 번째 시집을 바칩니다.

2024년 가을 장 웅 상 드림

〈서문〉

장웅상의 시인의 영 · 혼 · 육(靈魂肉) 세계로 초대

다울 최병준 시인

서울시인대학 학장 / 문학 · 공학 · 신학박사

장웅상 시인님의 두 번째 시집 『장미의 손』 출간을 주님의 이름으로 축복축하합니다. 장웅상 시인은 소소한 순간들을 깊이 있게 탐구하며, 우리 주변에서 쉽게 지나치는 사물과 현상에 특별한 의미를 부여합니다. 그 이 시는 한글의 아름다움을 다양한 해학과 중의적인 표현을 통해 독자들에게 신선함을 선사합니다.

시어의 다양한 의미를 겹겹이 쌓아 유머와 감동을 동시에 전달하고 있으며, 일상 속에서 느낄 수 있는 사랑과 책임의 무게를 우주적 상상력으로 확장시킵니다. 유쾌하면서도 진지하며, 따뜻하면서도 날카로운 시선으로 독자들을 매료시킬 것입니다. 이 시집을 통해 독자 여러분도 일상의 순간들을 더욱 특별하게 바라보는 눈을 가지게 되기를 바랍니다.

자연과 인간의 내면을 세심하게 관찰하며, 삶의 다양한 측면을 아름답고 감동적으로 표현합니다. 그의 시는 일상의 경험을 특별한 순간으로 재해석하여 독자들에게 새로운 시각을 제공합니다. 그의 시는 마치 눈앞에 그려지듯 생생하며, 읽는 이로 하여금 시 속에 몰입하게 합니다.

또한, 시인은 일상 속에서 하나님의 존재와 은혜를 찾고 신앙의 여정을 걸으며, 경험한 순간들을 시로 풀어냅니다. 예배의 순간, 기도의 깊이, 성령의 임재, 그리고 신앙의 성장을 감동적으로 표현한 시들로 구성되어 있습니다. 시인은 이삭의 우물처럼 우리에게 새로운 발견과 깨달음을 선사하며, 마치 풍성한 열매를 맺는 포도나무처럼 우리의 신앙을 풍요롭게 노래합니다.

특히, 「성령의 사다리」와 「새신자의 철야기도」에서는 성령의 임재와 기도의 힘을 느낄 수 있습니다. 또한, 「신앙의 포도밭」과 「언약의 징표」에서는 성경의 말씀을 통해 우리의 삶에 깊은 통찰을 제공합니다. 시인의 예리한 통찰력과 따뜻한 감성이 돋보이는 이 시집은 독자들에게 큰 위로와 격려가 될 것입니다.

「동주 날다「는 깊은 감성과 세밀한 묘사로 가득한 작품입니다. 단순한 풍경을 넘어, 그 속에 숨겨진 깊은 이야기를 담아냅니다. 삶과 예술, 그리고 인간의 내면을 탐구하는 시인의 시선을 따라가는 여행입니다.

시냇가에 심은 나무가 시절을 좇아 과실을 맺으며, 그 잎사귀가 마르지 아니함 같이 독자님들의 가정과 직장, 사업장에도 시향이 가득하시고 형통하시기를 기도합니다. 각 시에 숨겨진 주님의 메시지를 찾아 깊은 묵상으로 은혜 넘치는 독자들이 되시기를 적극 추천합니다.

〈추천사〉

깊은 통찰에서 우러난 인생철학의 조화

최 규 훈 시인

목사 · 교수 · 국제미래강사교육연구원 원장

'시종여일(始終如一)'이라는 말이 있다. 처음과 끝이 하나같아서 변함이 없다는 뜻이다. 4년 넘게 내가 보아 온 장웅상 박사는 성실함이 몸에 밴 사람이다. 미국의 시인 알렌 테이트(Allen Tate)는 지시적 의미와 함축적 의미가 잡아당기는 팽팽함을 시적 긴장감이라고 표현했다.

그의 제2집 『장미의 손』에는 깊은 통찰에서 우러난 인생철학이 절묘하게 조화를 이루고 있다. 특히 그의 성시에는 성경에 대한 이해를 바탕으로한 영적 울림이 잘 표현되어 있다.

이삭이 우물을 파서 그 이름을 르호봇이라고 칭한 창세기 26장 22절의 이야기처럼 장 박사의 시가 성령의 나래를 펴고 강을 넘어 바다로 시의 지평을 넓혀가리라고 확신한다.

〈축시〉

나는 천사를 보았다*

시인 최규훈

오늘 나는 천사를 보았다
흰옷을 입지도 않았고
날개도 없고 그리 화려하지도 않은

나는 천사를 보았다
뒤에서 묵묵히 쓰러질세라 넘어질세라
안타까워하면 모른 척 돕는

나는 천사를 보았다
힘들 텐데도 힘겨워하지 않으며
모든 일을 돕는

나는 천사를 보았다
일 사랑 믿음 헌신
모두 모두 가지고 있는

* 최규훈 교수가 장웅상 박사를 생각하며 쓴 시

〈추천사〉

하나님의 은혜가 임하고 계심을 확인

이 재 훈 목사

의사 · 조직신학 교수

먼저, 장웅상 시인의 제2시집 『장미의 손』 발간을 진심으로 축하드립니다.

저는 시와는 전혀 거리가 먼 문학의 문외한입니다. 초등학생 때 동시를 지어 선생님께 칭찬받았을 때, 잠시 '시인이 되어볼까?'하는 언감생심의 마음이 한 번 있기는 했지만요.

장웅상 시인과의 만남이 늘 인상에 남아 있습니다. 제가 사역하고 있는 새에덴교회의 '메디컬처치'에서 첫 인사를 나눈 후, 마침 그때 개강한 '슬기로운 교리생활'에서 강사와 수강생으로서의 만남이 어쩌면 운명처럼 느껴지는 것은, 저만의 생각은 아닐 거라 믿습니다.

저는 육체를 치료하는 의사이면서, 영혼도 돌보는 목

사이기도 합니다. 장웅상 시인의 작품은 건강한 육체와 맑은 영혼에서 막 길어온 한여름의 '시원한 냉수' 같은 느낌을 받습니다. 특별히 '슬기로운 교리생활' 강의 속에서 장웅상 시인이 새롭게 깨닫고, 느끼고, 넓혀가는 '영혼의 지평'이 그의 시에서 우러나온다는 것이 느껴질 때, 창조주 하나님의 은혜가 임하고 계심을 확인할 수 있었습니다.

저는 앞으로 장웅상 시인이 진리의 말씀과 은혜 그리고 영적인 감동을 그의 시를 통하여 유감없이 발휘하실 것이라 믿어 의심치 않습니다. 이를 통해 그의 시를 읽는 독자들 뿐 아니라 하나님께서도 크게 기뻐하실 것입니다.

바라건대, 그의 시가 '시편 151편'이 되어, 어두운 이 시대 가운데 한 줄기 빛으로 우리 주위를 밝혀주는 참 믿음의 시인이 되실 것을 주님의 이름으로 간절히 축원합니다.

차례

2부. 개미의 졸혼 이력서

차례

3부. 꽃들의 야유회

4부. 담쟁이 성도(聖徒)

차례

5부. 꿈꾸는 바이블

1부

꿈꾸는 선인장

바다, 받아

중년이 되어도 아이들(idle, 아이들, 게으른)인 초등학교 친구들이

성수(聖水, 신성한 물)역의 커피숍에서 만났다

성수역에 다양한 커피 전문점이 있는 이유가 다 있었다

커피를 마시고 고기 부페(buffet, 뷔페)에서 송년회가 시작되었다

친구들이 부페는 음식이 빨리 부패해서

부페라고 자리가 정해지자 바로 접시에 고기를 담아왔다

숯(soot, 숯)이 빨갛게 피워졌다

한 친구가 내게 고기 있는 고기 좀 석쇠 위에 구우라고 했다

오십 대에도 팔에 멋을(muscle, 머슬, 근육) 부린 근육을 자랑하는 아이

오랜 만에 만났다고 껴안으면 헉(hug, 껴안다) 소리내며 힘들어하는 아이

겨울의 문턱에 가까워져서 들어오자마자

얼굴이 파레(pale, 페일을 발음기호로 읽으면 파레, 창백한)지는 아이

자기는 애 셋(asset, 자산)을 키웠는데 자산이 되었다고 자랑하는 아이

해장으로 너구리라면을 먹고 있다
야자라고 해야 기분이 좋은 아이들
마음이 신나면 신라면 먹으면 되고
마음이 진하면 진라면 먹으면 되고
다시마 향 속에 느껴지는 바다
접시에 덜어준 라면 받아
친구들아 내 마음 받아
만추(晩秋)의 마음도 받아

행성 이야기

태양왕(Sun)이 46억 년 동안 지구에 빛을 주었다
50억 년 1월 1일 그가 아프다는 소식이 전해졌다
왕의 주치의인 수성 박사가 그의 체온을 쟀다
평소에 그의 체온이 7,000도이고 내부 체온이 1,500만도인데
오늘 그의 체온이 5,000도 이하로 떨어졌다
태양왕은 건강 회복을 위해 태양 온천으로 요양을 떠났다
금성 공주가 아버지의 자리를 대신했다
그녀의 체온은 아버지의 체온과는 비교도 되지 않는 900도밖에 되지 않지만
부드러운 섬김의 리더십으로 나라를 다스렸다
금성 공주 비너스(Venus)는 화성의 남자 마스(Mars)와 결혼해서
지구(Earth)를 낳았다
이후 금성 여왕의 통치가 태양왕이 수명을 다한 50억 년 동안 계속되었다
눈을 떠보니 50억 2023년 12월의 첫 번째 주말 아침이다
태양은 하늘 높이 밝게 빛나고 있다

아내는 아직 꿈속에서 나라를 다스리고 있다
금성 여왕을 위해 압력솥에 밥을 하고 반찬을 만든다
아내와 내비게이션의 말을 잘 듣는 게
지구별 나라에서 최고의 행복이다

정답을 찾아라

오랜만에 친구를 만나 음식점에서 돼지 갈비를 주문했다
갈비가 숯불 위에서 먹기 좋게 구워지고 있었다
친구에게 숨은그림찾기 열 문제를 냈다
30초 안에 열 문제의 정답을 맞추면
오늘 저녁은 내가 산다고 했다

갈매기살 항정살 부채살 도화살 삼겹살 갈비살 늑간살
설악산 오대산 한수산 한라산 계룡산 마이산 검단산
축구 야구 배구 농구 영구 탁구 족구 수구 농구 피구
아산만 여자만 남양만 천수만 소주만 순천만 곰소만
고양이 호랑이 원숭이 오라이 부엉이 맹꽁이 올챙이
현빈 원빈 박현빈 김동건 연정훈 차인표 유해진 이승기
광어 송어 장어 제어 민어 농어 상어 은어 문어 향어
울릉도 비금도 보길도 효자도 외도 독도 죽도 효녀도
삼치 꽁치 자갈치 갈치 여치 가물치 날치 넙치 준치
곰치
가평군 연천군 삼척군 합천군 왕소군 괴산군 울진군
예천군

친구는 10초 안에 정답을 맞추었다

내가 졌소 소갈비도 사겠소
알겠소 잘 먹겠소

- 김순진의 시 「숨은그림찾기」를 패러디하다.

아니마*와 아니무스**

자연이 나를 불러서 화장실에 갔어
화장실 입구에 기호가 하나 보여
바지 입은 사람
치마 입은 사람
남자는 바지 입은 사람이 있는 곳으로
여자는 치마 입은 사람이 있는 곳으로 들어가지
이게 바로 기표(記標)와 기의(記意)***의 미끄러짐이야
왜 남자는 바지 입은 모습으로만 그려져 있을까
스코틀랜드(Scotland)에서 스커트(skirt)가 유래했어
남자와 여자를 바지와 치마로 구분하는 것은
제도가 만든 이항대립이야
양에도 음이 있고 음에도 양이 있어
세상에는 요리 잘하는 남자도 많고
덤프트럭 잘 모는 여자도 많아
오늘 저녁에는 또 어떤 요리를 준비할까
마트에서 이것저것 장을 봐오는 중이야
도마 위의 야채들이 칼장단에 힙합춤을 추고 있어
접시들이 싱크대에서 하얀 치아를 드러내며 웃고 있어
결혼은 남자 속의 여자가 여자 속의 남자를 만나는 것
못 박는 일과 배관 고치는 걸 걸 좋아하는 아내는

화장실 세면대의 파이프를 교체하고 있어
요리 좋아하는 나는 비 오는 날 김치전을 부치고 있어
빗소리와 전 부치는 소리가 듀엣으로 돌림노래를 부르고 있어

* anima : 남성이 지니는 무의식적인 여성적 요소

** animus : 여성이 지니는 무의식적인 남성적 요소

*** 기표는 귀로 들을 수 있는 소리, 기의는 소리로 표시되는 의미로 라캉이 한 말

얼리 버드(early bird)*

추레한 얼굴의 수염들을 깎을 시간이다
추석 전 벌초(virtue, 벌추)는 미덕이다

턱수염은 면도기에 비어두(beard, 비어드) 난다
턱시도를 입는다

이른 아침에 처가로 향했다
이렇게 차가 밀릴 줄 몰랐다
이야기하며 가는 도중 굴이 나왔다
이 터널(tunnel)은 영원하지 않지만
이터널(eternal)은 영원하기를
이 소망을 달님께 빌어본다

차이나(China)타운에 도착했다
차이나(車李梛) 님이 우리를 기다리고 있었다
차이(差異)나는 클래스인 그녀의 중화요리가
차례(次例)대로 나왔다

차(車) 안에서
차(茶)를 한 잔 마신다

차차차(車茶嗟)

참(charm) 매력에 습관적으로 빠졌다
참 기분 좋아
참치를 먹는다

* 아침형 인간

인생을 낚지

냄비에 불이 켜지고 낙지가 끓고 있지
냄비를 바라보는 네 마음도 끓고 있지
낙지가 우정을 낚지

냄비에 끓고 있는 곱창을 먹고 있는 네 위는 팽창
곱창이 한창 익는 것을 바라보는 내 마음은 번창
곱창을 먹고 있는 정다운 동창들에게 표창

냄비에 불이 켜지고 새우가 끓고 있다우
새우도 내 얼굴도 빨갛게 익어가고 있다우
새우가 밤새우고 일한 우리의 마음을 다시 세운다우

낙곱새를 한창 먹고 있는 이 저녁 우리는 마음을 낚지
낙곱새를 한창 먹고 있는 이 밤 우리는 대화를 먹고 있다우

앞뒤가 같은 날

11, 11일
앞으로 읽어도 뒤로 읽어도
똑같은 날
우리가 살아있는 동안 자주자주 돌아올 날
1111, 11월 11일
앞으로 읽어도 뒤로 읽어도
똑같은 달 똑같은 날
우리가 살아있는 동안 자주 돌아올 날
20211202, 2021년 12월 2일
앞으로 읽어도 뒤로 읽어도
똑같은 해 똑같은 달 똑같은 날
우리가 살아있는 동안 다시는 돌아오지 않을 날
2110112, 2110년 1월 12일
2021년 다음으로 앞으로 읽어도 뒤로 읽어도
똑같은 해 똑같은 달 똑같은 날
우리가 죽어야 다시 돌아올 날
사막에서 장미가 피어나도
하늘에서 고래가 날아다녀도
시계는 돈다

타일랜드 좀 보라카이

방 콕 하지 말고
방 콕 찍고 일어나
방콕이 있는 타일랜드에 와 보라카이
슈퍼 타이 사 오지 마라카이
타이도 매고 오지 마라카이
타이(thai)라는 이름대로 자유롭게 보라카이
파티라카이 매일이
파타야는 휴양의 천국이라카이
빠따야 이곳에 안 오믄
무조건 일로 오라카이
농눅빌리지에 오면
녹록지 않다카이 일정이
코끼리들은 코가 긴 짐승이라 코끼리라카이
코끼리 볼링과 축구와 농구를 한다카이
입끼리가 아니라카이
여기저기 돌아다녔더니 배가 억수로 고프다카이
버거형 아까맹키로 라면 한 봉다리만 끼리주라카이
형이 바쁘믄 끼리끼리 알아서 묵는다카이

오월의 향기에 취하다

아까시나무를 찾아 나섰之
친구들과 막걸리 몇 잔을 마셨之
나도 모르게 막걸리에 취했之
스마트폰으로 아까시나무 사진을 찍었之
그러다가 자연에 취했之
나는 그만 잠이 들어버렸之

친구들은 모두 집으로 돌아갔之
나는 한참 후 술에서 깨어났之
술에서 깨니 이미 늦은 저녁이 되었之
다시 스마트폰 후레쉬를 켰之
이제 남은 꽃들을 감상하之

떨어진 꽃들은 다시 돌아올 수 없之
내 인생의 지나간 날들도 다시 돌아올 수 없之
내 인생의 남은 날들을 이제는 화려하게 꽃피워야之

된소리 공화국

과대표를 꽈대표로 부르는 나라
주꾸미를 쭈꾸미로 부르는 나라
자장면을 짜장면으로 부르는 나라
사모님을 싸모님으로 부르는 나라
소주를 쐬주로 부르는 나라
세련을 쎄련으로 부르는 나라
빤뜻이 이불도 맞추고
쫍은 마음을 넓게 키우겠쏘
짝은 씨앗을 쪼끔씩 키우겠소
싸랑하는 싸람들께 수확물도 쬐끔씩 나눠드리겠쏘
쫑파티도 가끔씩 하면서 쌩맥주 한 잔 마시면서
효꽈적인 삶을 살겠쏘

몰래 다가온 가을

영혼만 발자국이 없는 게 아니었습니다
당신도 발자국 소리 없이 다가오셨습니다
은행잎들이 수놓은 옐로우 카펫 위에 흔적 없는 그대와
흔적을 남기는 내가 만났습니다
너무 덥지도 않고 너무 춥지도 않은 이 시간
당신을 만나는 시간은 고작 일 년 중 삼 개월뿐
9층에 사는 나는 구름 위를 걷는 느낌입니다
창가에 서서 당신을 몰래 만나는 스릴이 좋습니다
당신의 손길에 눈을 감습니다
눈 한 번 감았다 뜨니 삼 개월이 지나갔습니다
이제는 당신과 서서히 이별할 시간이 되었습니다
단풍은 우리의 이별을 슬퍼하는지
붉은 눈물을 남몰래 훔치고 있습니다
당신이 잠수교 속으로 점점 몸을 숨기고 있습니다
내년엔 좀 더 성숙한 모습으로 당신을 만날 것이라고
하늘에서 내리는 첫눈 앞에서 맹세하였습니다

꿈꾸는 선인장

일 년 전 문우님으로부터 연필선인장을 선물받았다
처음에는 엄지손가락 정도 길이의 선인장이었다
일 년이 지나자 엄청난 크기로 자랐다
잠을 자다가 새벽에 목이 말라서 거실로 나왔다
한 꼬마가 거실에 앉아서 연필로 글씨를 쓰고 있었다
그 꼬마는 나를 보고 놀라지 않고 계속 글씨를 쓰고 있었다
너는 누구냐, 나도 모르게 외쳤다
그 소년은 자신은 연필선인장의 정령이라고 했다
새벽에 거실에 불이 꺼져 있을 때 아무도 몰래 나와서 한글을 공부한다고 했다
나는 그 소년에게 영어 알파벳을 가르쳐 주었다
그 소년이 나에게 연필 선인장이 영어로 뭔지 물어봤다
나는 pencil cactus라고 말했다
다음 날 새벽에 거실로 나가보니 그 후로 그 소년은 보이지 않았다
연필 선인장이 있는 곳으로 가보았다
선인장 앞으로 다가가니 선인장의 정령이 나에게 말을 걸었다
자신은 사람을 만난 죄로 더 이상 선인장 밖으로 나

올 수 없다고 했다

선인장의 줄기에 하얀 눈물의 열매가 맺혔다

선인장 옆에 소년이 놔두고 간 연필이 좌우로 몸을 흔든다

연필선인장 악단의 흥에 이끌려 나도 같이 몸을 흔든다

패러글라이딩을 하다

2023년 8월 태국 파타야의 산호섬
안전장치에 몸을 맡긴 채 두 발로 열심히 뜀뛰기운동을 하고 있다
무언가가 하늘에서 내려온다
거대한 낙하산이 바로 내 눈앞에 펼쳐져 있다
왼발 오른발을 부지런히 움직여서 갑판 위를 달려간다
발이 활주로에서 바람을 타고 이륙했다
어깨에 깃이 달려 신선이 되어 하늘로 올라간다는
소동파의 마음이 이런 것일까
나는 지금 아홉 번째 층 위의 구름 위에 있다
이 세상에 태어나서 나의 첫 성과는
걸음마를 시작한 것이었다
자라면서 두 발로 걷고 두 발로 뛰던 내가
이제 하늘로 나는 첫걸음마를 시작했다
하늘 담요를 덮고 구름 베개를 베고
바다교향악단이 들려주는 파도 소나타를 듣는다
날개 프로펠러가 점점 접혀지고
나는 이미 활주로로 내려오고 있다
오분 만에 나의 산호섬 비행은 끝났지만
가장 멋진 나의 인생 비행은 이제 시작이다

계절복권

지구별 우체국의 하늘 우체부
바람 자동차를 타고 온다

아침 햇살 머금은
이슬 편지 한 통

숲우체통에 낙엽선물 한 상자가
차곡히 배달되는 중이다

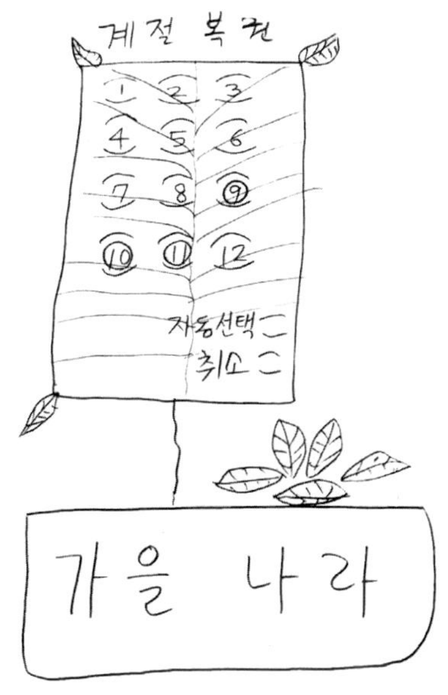

시를 쓰는 일이란

이미지의 실들로 베틀을 짜고
상징의 옷을 입고
비유의 분을 바르는 일이다
생각으로 둘러싸인 운문의 집에서
펜으로 된 배낭을 메고 출동을 준비하는 일이다

포룡정

얼레리 꼴레리
서동은 선화공주를 좋아한대요

연꽃이 흐드러지게 핀 궁남지
그 타임머신 안에서 서동의 어머니에게
국경과 신분을 초월한 사랑 이야기를 듣고 있다

고도의 비밀

에스트라공과 블라디미르가
오지 않는 고도(Godot)를 하염없이 기다린다
나에게 고도는 무엇일까

나에게 고도는 고도(高度)다
세상을 살아간다는 건
수많은 절대자 가운데
주님을 믿으며 살아가는 것이다

나에게 고도는 고도(古都)다
세상을 살아간다는 건
수많은 도시들 가운데
옛 도읍지를 가는 설렘으로 살아가는 것이다

나에게 고도는 고도(孤島)다
세상을 살아간다는 건
수많은 다도해 가운데
외로운 섬으로 살아가는 것이다

나에게 고도는 삶의 향기다

고도(Godot)가 남기고 간 고도(孤島)의 햇살이
고도(高度)에서 고도(古都)를
은빛 물결 되어 비추고 있다

내 안의 두 요나

니느웨로 가라는 여호와의 명령을 어기고
다시스로 도망친 요나
바다에서 엄청난 풍랑을 만났지만
배 밑층에서 깊은 잠에 빠진 요나

풍랑의 원인을 밝히는 제비뽑기에 뽑혀
하나님을 피해서 달아났다는 사실을 고백하고
자신을 바다에 던지라고 하는 요나

여호와께서 이미 큰 물고기를 예비하사 요나를 삼키게 하셨으므로 요나가 밤낮 삼일을 물고기 뱃속에 있으니라*

하나님의 조력자인 물고기의 뱃속에서 깊이 참회하고
니느웨로 가서 하나님의 말씀을 선포한 요나
순결과 비둘기라는 이름을 가지고 태어난 요나
처음에는 하나님의 말씀을 어겼지만
다시 하나님의 말씀을 지킨 요나

하나님의 말씀을 믿지 않고

불순한 요나로 살아왔던 지난날은
허공에 지어진 성
다시스가 아닌 니느웨에서 하나님의 말씀을 붙잡고
순한 요나로 사는 오늘은
광활한 사막 한가운데의 오아시스

목마르지 않는 영생의 샘물인
주님의 오아시스가 있는 성전
주님이 준비하신 밤양갱보다 달디단 물을 마시러
오늘 그곳으로 물러섬 없이 힘차게 달려갑니다

* 요나서 1장 17절

G래퍼의 노래

북치기 박치기 북치기 박치기
방학(放學)을 해서 방학동(放鶴洞)에 갔지 옙
방학동은 곡식을 찧는 방아가 있는 곳이라는 뜻이지 얍
한자로 기록하는 과정에서 음이 비슷한 방학리가 나왔지 옙
내가 총무를 맡아서 가방에 먹을 것들을 잔뜩 챙겨왔지 얍
회비를 받아서 힘이 센 내가 돈을 세고 또 세지 야호 옙
북치기 박치기 북치기 박치기
은행(銀行)에서 돈 찾아서 왕관빵집(크라운 베이커리, crown Bakery)에 들렀지 욥
막대기빵(바게뜨, baguette)과 비스킷(biscuit)을 샀지 옙
역시 비스킷은 두 번 구워서 바삭바삭하지 얍
방학동의 터줏대감인 오래 된 은행(銀杏)나무 앞에서 사진 한 장을 찍었지 옙

북치기 박치기 북치기 박치기
때마침 가을비가 부슬부슬 내리고 있었지 예이예
떨어진 은행잎을 가지고 온 비로 쓸었지 욥
회장님이 장엄(그랜저, Grandeur)차(車)를 몰고 왔지 옙

나는 진하게 우려낸 대추차(茶)를 가지고 왔지 욥
우리는 점심을 먹으러 한정식집에 갔지 꼬르륵 옙
마음에 점 하나 찍을 정도로 먹는 게 점심(點心)이라지 욥
나는 아침을 안 먹어서 밥 두 그릇을 순식간에 비웠지 예이예

북치기 박치기 북치기 박치기
다시 우리는 차를 타고 오산으로 향했지 옙
오산에는 죽미령 평화공원 지석묘 궐리사 등 볼 것이 너무 많지 욥
오산(烏山)에는 볼 것이 없을 거라는 나의 생각이 오산(誤算)이었지 옙
쉬면서 가방에서 디저트로 배 하나 꺼내 깎아 먹으니 배가 너무 불렀지 윱
우리는 사다리 게임으로 저녁 사기 내기를 했지 옙
내가 게임에서 지고 해도 지고 있었지 예이예
북치기 박차기 북치기 박치기
여행을 한다는 건 팔자 좋은 것이지 얍
팔자(八字)가 좋다는 건 무슨 의미이지 음
8이라는 숫자가 생각나지 옙
8을 가로로 자르면 0이 두 개 되지 옙
누구에게나 타고난 팔자는 없지 욥
8을 세로로 자르면 3이 되지 음

누구에게나 인생에 세 번의 기회가 찾아오지 야호
8을 눕히면 무한대가 되지 와우 엡
누구에게나 성공할 가능성은 무한하지 얍

북치기 박치기 북치기 박치기
내 팔자야 원망(怨望) 말고 내 할 일을 원망(願望)하지 엡
복권(福券) 사서 일확천금 바라지 말고
복권(復權)해서 희망 찾지 욥
G래퍼가 끝없이 인생지도를 그려주고 있지 엡
인생은 한 마디로 요약하면 타이밍이지 엡

2부

개미의 졸혼 이력서

들국화 단상

지난 10월에 가평 아침고요 수목원에 들렀다
이곳에서 들국화 전시회가 열렸다
흰색과 분홍색 원피스에 노란 브로치를 한 들국화들이
바람에 맞추어 살랑살랑 라인 댄스를 하고 있다
그 속에 어머니의 모습이 보인다
어머니는 태어난 지 얼마 안 되어 열병을 앓으셨다
호흡이 거의 멈추신 것을 보신 외할아버지는
어머니를 땅에 묻으려 하셨다
그때 어머니는 고사리만한 두 손에
지푸라기를 하나 꽉 잡으셨다
지푸라기는 어머니에게 삶의 끈이었다
베풀며 크게 바뀐다는 장태환이라는 이름의 아버지와
최씨 가문에서 시집와서 부자로 덕 있게 산다는 최부덕이라는 어머니
그러나 삶은 이름과는 정반대로 흘러갔다
아버지의 연이은 사업 실패에 궁색한 살림에도
어머니는 아버지 곁에서 희망의 끈을 놓지 않으셨다
벌써 어머니가 돌아가신 지 삼십 년이 가까워지고 있다
원피스가 유난히 잘 어울리셨던 어머니
들국화 여인이 가녀린 팔로 내 두 어깨를 토닥이고 있다

장미의 손

계절의 여왕 오월, 나에게도 행운이 찾아왔다
고양시에서 꽃을 사랑한 올해의 인물로 나를 초대했다
초대장을 들고 한걸음에 고양궁으로 달려갔다
2023 세계꽃박람회는 수많은 사람들로 문전성시를 이루고 있었다
나는 꽃무늬 옷을 입은 의장대의 사열을 받으며 궁 안으로 들어갔다
박람회장 안에서 수많은 모델들이 다양한 색깔의 옷을 입고 자신들만의 자태를 뽐내고 있었다
오늘의 핫 플레이스인 판타지 정원으로 향했다
멀리서 봐도 아름다운 여인들은 가까이에서 보니 더더욱 아름다웠다
앞에 있는 한 여인이 내게 손을 내밀었다
그녀와 가볍게 악수를 나누었을 뿐인데 내 손에 피가 맺혔다
그녀의 고운 손에는 삶의 시련들이 알알이 박혀 있었다
예수님께서 가나안 여인의 간절한 간청에 응답하듯
그녀는 가시 박힌 손으로 환하게 웃고 있었다
축제가 끝나고 궁을 나오는데 그녀가 내게 잘 가라고 손을 흔들었다
오월의 따뜻함 속에 그녀가 내 손에 남긴 꽃향기가 구찌블룸 향수보다 향기롭다

백년해로의 증표

단풍이 곱게 물든 시월 말
장모님 생신이라 아내와 함께 영천에 내려갔다
처가에서 저녁을 먹고 설거지하다가
오래된 놋수저 두 조를 보았다
금혼식을 훨씬 지난 두 분의 젓가락이다
두 눈물샘이 마르지 않고 흘러내렸다
젓가락은 두 분이 검은 머리 파뿌리 될 때까지 살아
오신
60년 넘는 세월을 두 다리에 오롯이 지탱하고 있었다
인생은 60부터라는 격언은
이제 오래된 박물관의 유물이 된지 오래다
구순이 지나도 트랙터를 모는 노인
아내는 그를 아버지라 부른다
팔순이 훨씬 지나 휠체어를 모는 노인
아내는 그녀를 엄마라 부른다
귀가 잘 들리지 않는 그는 그녀에게 마음을 전한다
우리 남은 인생도 행복하게 삽시다
시니어의 전성시대는 오래오래 진행될 것이라며
빛바랜 젓가락이 하얀 치아를 드러내며 웃고 있다

그 여자(女子)의 이름

인사동에 위치한
모두 좋아하는 음식점
여자만 모이지 않은 한식집
그 이름은 여자만(汝自灣)

여수(麗水)에 있는 여자리(汝自里)
여자리에 있는 여자만(汝自灣)
여자만에 있는 여자도(汝自島)
여자도 남자도 모이는 섬

여자도에 밀물이 몰려오면
큰 여자가 되는 섬
그 이름은 대여자도(大汝自島)

여자도에 밀물이 물러가면
작은 여자가 되는 섬
그 이름은 소여자도(小汝自島)

신비한 아름다움을 지닌 여자도(汝自島)
내가 사랑하는 그 여자(女子)와 함께 가고 싶은 섬

우산국 여왕과 살다

오월 초 아내와 1박 2일로 부산 여행을 다녀왔다
여행 첫날부터 비가 내리기 시작했다
부산의 명소인 아난티 코브로 향했다
하늘에서 강풍을 동반한 비가 내렸다
우산살이 바람을 이기지 못하고 힘없이 부러졌다
나와 아내 모두 금기운이 강해 부딪히는 일이 많다
점심 때 옵션으로 멸치회를 주문했다
자기는 멸치회를 안 먹는데 왜 주문했냐고 쏘아붙인다
다음 날 아침에는 더더욱 세차게 비가 내렸다
호텔 근처 편의점에서 비바람에도 끄떡없는 장우산을 구입했다
자갈치 시장에서 회와 매운탕을 먹으려고 했다
'휑'도사인 그녀는 혼자 근처의 고등어 구이집으로 '휑'하고 가버렸다
부산역에서 그녀에게 전도연이 달았다는 은귀걸이를 사주었다
나는 아내의 우산이 되고 있을까
25년 동안 인생의 비바람을 함께 맞아준 그녀가 고맙다
여행을 다녀와서 편도선이 붓고 기침하는 그녀를 위해
콩나물국밥과 영광 보리굴비를 사 들고 들어왔다

따끈한 콩나물국밥과 잘 익은 깍두기를 그릇에 담고
영광 보리굴비는 먹기 좋게 살만 발라서 그녀에게 주었다
다음 날 비가 그치고 햇빛이 반짝였다
저녁에 장미 세 송이를 사다가 아내에게 주었다
그녀가 기분이 좋은지 환하게 웃는다
신발장 앞에서 장우산도 환하게 웃는다
노인이 되면 나는 인생의 비바람을 막아주는
그녀의 우산이 될 것이다

You are the
reason I am.
당신은 내가
존재하는
이유입니다.
-뷰티풀 마인드-

보랏빛 삶을 꿈꾸다

아내가 발을 절며 집에 왔다
의사는 운동을 너무 열심히 해서 족저근막염이 생겼다고 한다
불문가지(不問可知)*다
하루에 세 시간씩 운동했으니 발에 무리가 가지
가지(branch) 많은 나무엔 바람 잘 날 없지
가지(eggplant) 많은 나무엔 바람이 잠들지
나는 아내를 위해 가지요리를 했지
가지는 가지목 가지과 가지속에 속하는 채소로
가지로 할 수 있는 요리는 가지가지지
보랏빛 가지로 가지전과 가지조림과 가지튀김을 했지
가지밥에 가지차로 가지 코스요리를 마무리했지
온몸이 종합병원인 아내에게 가지가지 한다고 말하려다가 참았지
가지로 오만 가지 요리를 해주며 말했지
여보 얼른 건강해져서 이젠 병원에 좀 그만 좀 가지
아내와 함께 가지요리를 먹으며 보랏빛 삶을 꿈꾸지

* 불문가지 : 물어보지 않아도 미루어 짐작한다는 말.

흑진주의 여왕

그녀는 바다 옆 석회암 감옥의 수중독방(水中獨房)에
갇혔다
하루에 몇 번 영양분을 공급받고
하루에 몇 번 일광욕하는 것이 생활의 전부였다

그녀가 마신 무지갯빛 아름다운 검은 눈물과
그녀가 토해낸 눈물방울들은
10mm의 작은 구슬로 변했다

드디어 감옥 문이 열리고 그녀가 출소했다
그녀는 은은한 빛을 몸에 지니고 있어서
여자들에게 너무 인기가 많았다
그녀는 흑진주가 되었다

2024년 5월 9일 은혼식이다
백화점에서 흑진주 목걸이와 흑진주 귀걸이를
사서 아내의 목과 귀에 슬쩍 걸어준다
흑진주의 이마에 울음과 웃음이 동시에 스민다

개미의 졸혼 이력서

옛날에 개미 부부가 살았다
그들은 지하 단칸방에서 살며 땀 흘려 수레를 끌었다
그들은 한때는 거대한 나무 밑에 여러 채의 흙빌딩을 소유하고 있었다

어느 날 남편 개미가 자기에게 투자하면
돈을 열 배로 불려준다는 베짱이 사기꾼의 꼬임에 넘어갔다
남편 개미는 20년 동안 열심히 모아둔 일용할 양식을
모두 베짱이에게 주었다
베짱이는 개미의 양식을 나뭇잎배에 싣고 야반도주했다
흙빌딩을 사느라 개미은행에서 대출받은 개미 부부의 빌딩은 순식간에 빨간딱지가 붙었다

더 이상 참을 수 없는 아내 개미가 남편 개미에게 당분간 서로 떨어져서 지내자고 했다
몇 달 후 아내 개미가 남편 개미에게 졸혼을 선언했다
아내 개미는 처음에는 혼자서 흙빌딩의 지하에서 사글세를 내고 살았다

아내 개미는 처음에는 혼자 사는 것이 너무 좋았다
남편 개미도 처음에는 친구 개미의 집에 사글세를 내고 살았다

그러다가 그가 새롭게 시작한 사업이 대박났다
그는 전에 살던 흙빌딩보다 더 큰 콘크리트 빌딩들을 구입했다
어느 날 아내 개미는 심한 감기에 걸렸다
수소문 끝에 남편 개미가 아내 개미가 사는 곳을 찾았다
아내 개미의 의식이 점점 혼미해지고 있었다
남편 개미는 아내 개미를 업고 그가 사는 빌딩에 왔다

최고 실력의 개미 주치의가 그녀를 정성스럽게 보살펴 주었다
의식을 회복한 아내 개미의 손가락에 남편 개미가 '사랑해'라고 말하며 다이아몬드 반지를 끼워주었다
아내 개미는 남편 개미의 품에 안겨서 감동의 눈물을 흘렸다
그들은 그 후로 오랫동안 행복하게 살았다

선상낚시

고성 바다 위를 달리는 배 위에서
나는 투명날개를 달고 물 위를 날고 있다
배는 낚시 포인트에서 잠시 정박하며
너울 따라 흔들리고 있다
배는 놀이기구 바이킹으로 변해 있고
내 영혼은 현재 몸 밖으로 이탈 중이다
선장은 흐르는 너울에 몸을 맡기고
무심히 바닷속으로 낚싯대를 던졌다
씨알 좋은 월척 두 마리가 배 위로 올라
배를 뒤집으며 펄떡거렸다
인생의 파도를 넘지 못하면
그 누구도 물고기를 잡지 못하는 법
나는 지금 고난의 파도를 넘어
월척을 잡기 위해 사투 중이다

건망증과 치매 사이

친구들과 술을 마시고 밤늦게 들어왔다
거실에서 쌔근쌔근 자고 있는 아내의 얼굴에서 광채가 난다
술 마시고 들어온 날 아내 얼굴이 더 예뻐 보이는
나는 건망증 환자다
다음 날은 저녁 일찍 집에 들어왔다
아내가 거실에서 일을 하고 있다
아내의 얼굴에서 장미향이 난다
술도 안 마셨는데 아내의 얼굴이 정말 예뻐 보이는
나는 치매 환자다
건망증과 치매의 차이는
단순 망각과 이중 망각
아내와 밥을 먹은 건 기억하는데
무슨 메뉴를 먹었는지 잊어버리면 건망증
아내와 밥을 먹은 사실도 잊어버리면 치매
오랜만에 아내와 호프집에 갔다
은혼식이 가까워지는데도 그녀가 점점 더 예쁘다
술도 안 마셨는데 그녀가 엄청 아름답다
나는 확실히 치매에 걸렸다
에라 모르겠다 치맥이나 마시며
건망증이라 우기자

동주 날다

경복궁역 3번 출구로 나와서 마을버스를 탄다
이번 정류장은 붉은 노을이 마스코트인
자하문(紫霞門)입니다
설렘 한가득 안고 그를 인터뷰하러 간다
그의 집 맞은편에는
맑은 구름이 액자 밖에 산수화로 펼쳐져 있다
액자 속에 청운(淸雲)도서관이
병풍으로 펼쳐져 있다
우물에 비친 얼굴을 보며
원고지에 마음을 담백하게 써 내려간 사나이
시가 이렇게 쉽게 쓰여지는 것은
부끄러운 일이라고 말한 사나이
불로초를 먹지 않아도
언제나 20대의 피부를 유지하는 사나이
백양로 길에 난 소나무숲의 기념비 앞에서
불멸의 독수리가 인연의 기쁨을 노래하고 있다

백신

나는 정읍에서 태어(나 자랐고 군산에)는 가끔씩 놀러 갔다

대학 졸업 (후 K자동차에)서 근무하는 동창생을 길에서 우연히 만났다

그 친구와 식당에서 (작업환경과 근)무조건을 들으니 감탄사가 입 밖으로 (터져 나왔다)

잠시 후 (전화벨이 울렸다)

경찰서(에서 잠깐 만나자)는 그의 친구로부터 온 전화였다

그는 할 말(이 많았는데 출)발했다. 나도 그를 따라갔다

저녁(이었지만 형사)들은 경찰서에서 열심히

일(했다). 그의 친구는 회사를 더 이상 버티기

(힘들다는) 말을 했다

그의 친구는 그에게 (나서기 싫어)하지 않는 자신이 언론의 스포트 라이트를 받게 되었다고 말했다

그는 구속되(기 전에 당장 멈추)어진 채 돌아가지 않을 회사를

걱정했다 그(를 신뢰하고 따르는) 직원들이 있는

(한 의리와 대기업의) 반열에 오를

(위치에 섰다가 해고)당할 직원들에 대한 걱정이 그의 얼굴에 가득히 보였다 그는 구속되기 전 친구가 보고 싶었던 것이다

언론사(에 취업하기가 힘)든데 1000대 1의 경쟁률을 뚫고

회사(에 들어갔지만 그)는 몇 년 후 사표를 내고 자신의 회사를 당당하게 세웠다

열심히 회사를 운영하(고 있던 어느 날) 그는

시(장에서 위탁도매)를 하던 친구가 자신의(가게를 맡아보)

(고 운영해보라)는 제안을 받아들였다 그러나 그가 맡자 마자 그 가게는 이미 기울어가고 있었다 그는 회사와 가게를 함께 운영하다가 자금난에 허덕였고 사채까지 끌어 썼다가 빚이 눈덩이처럼 커져서 그의 회사는 역사의 강물 속으로 사라졌다

어학원에서 영어강사라는 직업(이 익숙했던) 나는 기업 운영이 낙타가 바늘구멍 들어가기보다 힘들다는 걸 깨달았다

(나는 새벽시)간에 잠에서 깨어 콩나물과 파와 마늘과 고춧가루를 넣고 해장라면을 끓여 쓴 소주를 한 잔 마신다

오늘은 라면과 소주가 나의 인생 백신이다

산다는 게 뭔지

소주에 붉은 태양이 서서히 떠오른다

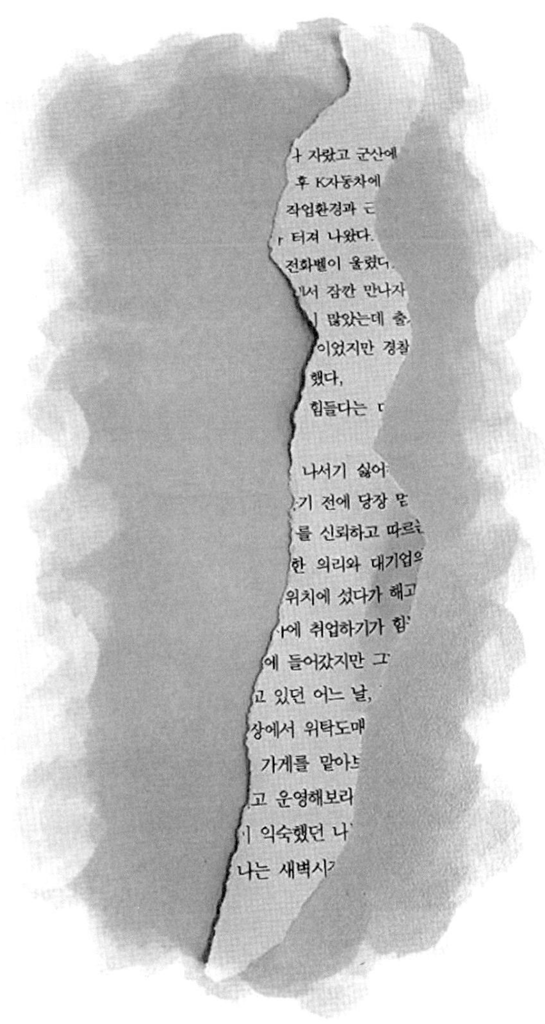

뭍에 오르다

지인 두 사람과 횟집에 갔다
우리는 광어회를 주문했다
주방장은 광어가 싱싱하다는 것을 보이려고
살아있는 광어를 통째로 접시 위에 올려놓았다
온몸을 칼에 베인 광어는
접시 위에서 마지막으로 몸부림치고 있었다
순간 나는 광어와 눈이 마주쳤다
문득 광어에게 죄책감이 들었다
광어가 눈물을 흘리고 있었다
회가 입에 넘어가지 않았다
요리사에게 회만 남기고 광어의 영혼을 몸에서 빼달라고 했다
그날 밤 나는 꿈속에서 밤새도록 광어에게 쫓겼다
몇 달 후 지인과 인천 바다로 선상낚시를 갔다
배가 달릴 때는 괜찮았는데 바다 위에서 멈추자
배멀미가 심하게 났다
나는 얼마 후 한 마리의 광어가 되었다
나는 바다에서 수영하다가 미끼에 낚여서
낚싯대를 향해 끌려가고 있었다
나는 배 위에 오르지 않으려고 발버둥을 쳤지만

낚시꾼이 뜰채로 나를 건져 올렸다
나는 '안 돼'하고 소리를 질렀다
실눈을 뜨고 바라보니 지느러미와 아가미가 없다
휴, 살았다
인간으로 태어난 걸 감사하게 생각하고
작은 것에도 행복을 느끼며 살자

대한극장

나는 매일 다양한 사람들을 만납니다
나를 만나러 올 때 콜라와 팝콘은 선택이 아닌 필수입니다
휴식이 필요하시면 언제든 저를 보러 오세요
아침부터 심야까지 여러분을 기다릴게요
나와 만날 수 있는 시간은 대략 두 시간입니다
나를 만날 때에는 절대 잡담 금지이고
휴대폰은 잠시 꺼두셔도 좋습니다
잠시 산 정상에 오셨다고 생각하세요

때로는 여러분께 웃음도 드리고
때로는 여러분께 눈물도 드릴게요
태어나서 처음에는 말을 잘못했어요
내가 하고 싶은 말을 대신해주는 사람이 있었어요
내게도 기적이 찾아왔어요
내가 말을 하기 시작했어요

나는 불빛을 별로 좋아하지 않아요
나를 보러 연인들이 팔짱을 끼고 많이 오시네요
나와의 면회시간이 끝나면 제가 자막을 띄울게요

내 이야기에 귀를 기울여 주세요
이야기가 끝나도 질문은 받지 않을게요
여러분의 눈동자 속에서 나는 항상 답을 찾습니다

나와 만나는 시간이 끝나도 바로 나가시지 말고
잠시 의자에 앉아계시다가 가세요
기립박수도 환영합니다
다음에는 더 좋은 모습으로 찾아뵐게요
기대하시라 개봉박두
Coming soon

여자 햄릿

땅거미가 서서히 내려앉는 명동(明洞) 거리에
끝없이 펼쳐진 사람들의 물결
조선시대에 제사장들이 밤에 의식을 진행하도록
불을 환하게 밝혔던 거리

어둠이 급속히 밀려오는 명동 예술극장에서
셰익스피어 4대 비극 중 한 작품인 〈햄릿〉을 관람한다
중앙이 물로 찬 무대 위에서 펼쳐지는
용광로보다 뜨거운 배우들의 연기

여자가 된 햄릿과 남자가 된 오필리아
수백 년 동안 이어진 성별에 대한 고정관념이 깨지는 시간

극장 밖은 가마솥에 옥수수 삶는 삼복더위
극장 안은 삼복더위를 식혀주는
비와 물의 절묘한 오케스트라

연극이 끝난 후 내 마음의 무대 위에도
감동의 장대비가 줄기차게 내린다

햄릿
Hamlet
국립극단
윌리엄 셰익스피어
정진새
부새롬

장애자도 모델이 될 수 있다

나는 이탈리아 피사에 살고 있어
나는 기초 체력이 약하게 태어났어
내가 태어날 때 몸이 조금씩 장애가 있었고
지금은 내 몸이 많이 옆으로 기울어졌어
내 원래 직업은 종지기였지
내겐 절묘한 타협의 비밀이 숨어 있어
나는 현대의술로 고칠 수 있대
내 몸이 남들과 똑같다면 누가 나를 만나러 오겠어
세계에서 매년 100만이 넘는 사람들이 날 보러 와
나는 마음속으로 그들에게 Grazie*라고 말해
수많은 사람들이 나와 사진을 찍고 싶어 카메라 셔터를 눌러대지
나는 모델 수입으로만 연간 6억 달러를 벌어들이지
장애자도 모델이 될 수 있어
나는 어떤 일이 있어도 절대로 넘어지지 않을 거야
세상 살다 힘든 일이 있으면 열심히 살아가는 날 생각해
비록 몸이 기울었다고 내 마음까지 기운 건 아니야
나는 항상 이 자리를 굳건히 지키고 있을 거야
이쯤 되면 내가 누군지 알겠지

내 이름은 사탑이야

* Grazie : 고맙다는 뜻의 이탈리아어

나타샤의 첫사랑

저와 함께 뱁새 우는 오두막으로 가자고 한
당신의 말을 저는 차마 따르지 못했어요
당신과 제가 함께 길을 떠난 후
눈물 흘릴 당신 부인의 마음을 생각했기 때문이예요

제 마음은 이미 눈이 펑펑 내리는 밤
당신과 함께 흰 당나귀 타고 길을 떠났어요
7천 평의 길상사를 법정스님께 시주하고
저는 이제 무소유의 삶을 살다가 먼 길을 떠나요

제 유골은 길상사의 뒤쪽 언덕에 뿌려졌어요
사람들이 이곳에서 저와 당신의 사랑을 말하고 있네요
길상사가 당신의 시 한 줄 값도 안 된다는 제 생각은
하늘에 있는 지금도 변함 없어요

백 시인님 그럼 안녕
눈이 펑펑 내리는 날
당신은 혼자 쓸쓸히 앉아 소주를 마시고
저는 혼자 쓸쓸히 앉아 눈물을 마십니다

공덕주 길상화(吉祥華) 보살
나와 나타샤와 흰당나귀
길상사

내 마음의 전기사다리

그는 지칠 줄 모르는 체력의 소유자입니다
그는 아무런 불평도 없이 쉬지 않고 일합니다
그는 누구를 만나든 등에 업습니다
그러던 그가 왕성한 활동을 멈추었습니다
휴식도 없이 너무 무리한 게 원인이었습니다
너무나 수척해진 그를 보았습니다
내 마음을 짓누르는 아픔이 내 심장에 밀려들었습니다
의사들이 그의 병에 맞는 약을 드디어 찾았습니다
분당 미금역 8번 출구에서 그는 항상 나를 기다립니다
늘 등을 내어주는 내 사랑 에스컬레이터
인생이 좀 힘이 든다고 하더라도
그를 만나면 위안을 받습니다

3부

꽃들의 야유회

꿈꾸는 독도

나는 동해에서 우렁찬 목소리와 함께 태어났어요
나는 분명 대한민국 사람이에요
내가 다른 나라 국적이라 우기는 사람들이
세상에서 제일 미워요
매년 광복절 무렵이면 많은 분들이 나를 찾아와요
내가 잘 지내고 있는지 궁금한가 봐요
그분들과의 면회 시간은 고작 30분밖에 안 되네요
형이 근처에 사는지는 알지만
한국 지킴이라는 임무가 있어 갈 수가 없어요
가족 없이 홀로 지낸다는 건 힘든 일이에요
그렇지만 늘 사람들이 찾아와 위로해수지요
나는 홀로 있지만 늘 큰 사랑을 받고 있죠
나는 영원히 이곳을 한 발자국도 떠나지 않을 거예요
벌써 밤이 찾아왔어요
파도가 내게 은빛 자장가를 들려주네요

두견화의 전설

고려산에 진달래꽃을 보러 갔다
수천 평의 진달래군락은 인산인해를 이루고 있었다
진달래군락에서 무슨 소리가 들렸다
이봐요 지나가는 젊은이
내 이야기 좀 들어볼 텐가
중국 촉나라에 두우라는 사람이 있었어
그는 그만 원통한 한을 품고 죽고 말았다네
죽으면서 그의 겨드랑이에는 날개가 돋혔지
그는 두견새로 변해 구만리 장천을 날고 있었어
그 새는 매일 어깨를 들먹이며 피울음을 토해냈어
그 새의 피울음이 땅 위에 배어들었지
그 위엔 핏빛 꽃이 피었어
그래서 사람들은 나를 두견화라고 부르지
김소월 이후 나는 유명세를 타기 시작했지
진달래란 나의 진혼을 달래주라는 뜻이야
사람들은 쉴새 없이 셔터를 눌러대고 있었다

수로부인 구출작전

수로부인이 도대체 어디로 갔당가
아따 거북이가 수로부인을 납치혀서
깊은 바닷속으로 사라져버렸다고 안 허요
이때 그녀에게 꽃을 바쳤던 한 노인이
막대기를 땅에 치며 노래를 힘차게 부르는디
거북아 거북아
수로부인이 사라져서 내가 마이 아프다
수로부인을 내놓지 않으면
큰 그물을 던져서 구워 먹겠다*
장미 향이 메아리로 울려 퍼지는 오월의 어느 날
그는 삼척에 있는 수로부인 헌화공원에 갔다
51미터 높이의 구름 엘리베이터는
테니스의 여왕 세레나 윌리엄스가 친 공의 속도로
그를 신천지에 데려다 주었다
판타지의 세계가 눈앞에 펼쳐져 있다
뒤에는 산 앞에는 바다
배산임수의 명당이다
그가 조금 걸어가니 거북 바위가 보인다
네가 바로 수로부인을 데려간 그 거북의 흔적이렸다
그는 거북 바위 타고 산정상으로 날아오른다

용의 등에 걸터앉은 수로부인이 그에게 말을 걸어온다
노인이 손에 든 막대기가 그의 손에 걸려 있다
그는 용을 타고 21세기로 온 아내 손 잡고
헌화정으로 가는 인생의 계단을 오르는 중이다

* 상대시가인 「해가」의 내용을 변용함

뒤집기 한 판

시월에 영월로 여행을 떠났다
영월(寧越)은 정말 넘기 편한 곳일까
단종이 영월의 청령포로 유배간 걸 보면
영월은 절대로 넘기 편한 곳이 아니다
우리 인생도 즐거운 날만 있는 것은 아니다
김삿갓은 과연 김병연(金炳淵)일까
스스로 하늘을 볼 수 없어 삿갓 쓰고 돌아다닌 그는
수많은 김삿갓 중의 한 사람일 뿐이다
햇볕이 따가워서 선글라스 쓰고 돌아다닌 나는
수많은 장글라스* 중의 한 사람일 뿐이다

영월에 화전하며 정착한 풍자시인
죽어서도 죽지 않은 천재 시인
김병연의 동상 삿갓을 만지니
그가 갓을 벗고 걸어 나와서
내게 김삿갓 마을을 구경시켜 준
붉은색으로 도배한 꽃이 흐드러지게 핀
메밀밭이 바로 보이는 음식점
김삿갓은 시로 세상을 뒤집고
요리사는 뒤집개로 메밀전을 뒤집고 있다

막걸리에 취한 노을의 얼굴이 점점 붉어지고 있다

* 장씨 성을 가지고 선글라스를 쓴 사람(장동건도 장글라스)

신라의 세자를 만나다

2023년 추석 연휴
신라의 별궁인 동궁 속으로 들어왔다
수많은 인파가 동궁 주변을 에워싸고 있다
달님이 천 년 전이나 지금이나 궁전을 밝히고 있다
천 년 넘는 세월 동안 살아온 안압지의 요정들이
월지 속으로 두루마리 그림을 펼친다
연못이 황금이불을 덮고 누워있고
그 아래 또 하나의 세상이 펼쳐진다
세 그루의 소나무는 카메라 세례에도
자리를 꿋꿋하게 지키고 있다
달빛 속에 관람객들에게 손을 흔드는
세자의 그림자가 비친다

몽돌해변에게

너희들은 많은 사람들과 함께 해변에 누워
바다 낭송가가 들려주는 옛날이야기를 듣고 있구나
너희들은 부모님의 말씀을 뇌에 깊이 새기고
세상을 모나지 않게 살고 있구나
매일 아침 8시에 갈매기가 해시계를 보고
너희들은 누워있는 바닷가에 칸트처럼 출근하는구나
갈매기 친구가 너희들에게 먹을 게 없냐고 묻지만
너희들은 오직 바다 목탁에 의존한 채 법문을 외울 뿐이구나
갈매기는 너희들은 말을 이심전심으로 알아듣고 사색 중이구나
너희들은 원래 거대한 체구의 사나이였더구나
너희들은 매일 물만 마시고 단식하며 스파르타식 훈련으로
군살 하나 없는 지금 너희들의 몸매를 만들었더구나
바다는 여전히 뭍의 경계에 대하여 너희들과 밀당 중이구나

모란문화유적답사회

십 년 넘게 매년 홀수달마다 만나는 답사동아리
전국의 역사 유적지를 찾아 나서는 여행동아리
방송대 성남시학습관 문화교양학과의 명품동아리

여행 때마다 먹거리과 간식을 챙겨주는
비단결보다 고운 마음을 가진 천사들의 따뜻한 손길
화살보다 빨리 역사 유적지를 연구하는 명품회원들
코발트빛 바다보다 멋진 꿈의 선물을 만드는 명품임원들

용광로보다 뜨겁고 가을하늘보다 높은
문화를 아는 교양인들의 끝없는 열정
시청률 60%인 MBC TV 드라마 '사랑이 뭐길래' 보다
재미있는 박인준 회장의 해박한 해설
임영웅 콘서트 예매보다 짜릿한 투표 완료 시간
24시간 이내에 마감되는 긴장의 시간

투표에 성공한 나는 명품여행을 위해
지금 버스의 명품 좌석 위에 앉아 있다
명품버스가 명품회원들을 태우고
희망의 언덕을 향해 힘차게 날아오르고 있다

모란문화유적답사회

좋은친구들 하계야유회

꽃들의 야유회

경기도 안산에 위치한
신선이 재주를 펼치는 선재도(仙才島)에서
신선들과 선녀들의 윷놀이 한마당이 펼쳐졌다

2024년 6월 22일 저녁부터 이틀 동안
선재도 풍경 펜션 401호의 타임머신은
잠시 시간을 초등학교 시절로 되돌려 놓았다

대농사꾼도 울고 갈 달인의 손길로 키운
상추 깻잎 감자를 배송해온 큰 병택
대장금도 울고 갈 명인의 비법으로
바지락 된장찌개를 끓여낸 작은 병택

갈매기가 반갑게 인사하는 하와이풍의 핫 플레이스
꽃을 피우는 플로레도(Floredo) 카페에서
우정의 꽃이 하늘 위에서 뿌리 내린다

선재도의 갯벌에는
좋은 친구들이 남기고 간 웃음의 지도가
풍경 되어 펼쳐진다

행복한 대학

문 여는 시간은 아침 8시
문 닫는 시간은 저녁 9시
매주 화요일 저녁 6시만 되면
자동차보다 빨라지는 내 심장의 발걸음

노벨문학상을 꿈꾸는 상아탑
시창작부터 시치료 시낭송 시경영
하이 하이(Hy-hi)와 시창작 바이블까지
시인에 의한 시인을 위한 시인의 대학

줌 울타리 너머로 울려 퍼지는
최병준 학장님의 백만 불짜리 강의
줌 울타리 안으로 울려 퍼지는
학생들의 백만 불짜리 미소

장미들이 보내는 행복한 미소
나라를 사랑하고 사람을 사랑하고 시를 사랑하는 대학
영원한 꿈의 산실(産室)
서울시인대학

방학동 터줏대감

방학동에 가면 언제 어디에서나 그를 만날 수 있다
그는 1,000세를 바라보는 나이에도
항상 하늘 향해 두 팔 벌려 노래 부르며 서 있다
그는 20미터가 넘는 원형의 집에서 혼자 살고 있다

그가 사는 곳은 처음에는 개발이 덜 되어
마음껏 대자연의 공기를 마시며 살 수 있었다
그러던 어느 날 그가 살던 집 주변이 개발되면서
빌라와 아파트가 그의 집을 위협했다

그는 이제 더 이상 바람을 느낄 수 없었다
그는 이제 더 이상 숨을 쉴 수도 없었다
마을 사람들이 그의 집 주변의 빌라들을 철거해서
그는 이제 건강을 회복하고 마음껏 숨 쉬며 살아가고
있다

그는 바람과 햇빛으로 비빈 밥을 먹으며 살고 있다
그는 서울에서 가장 나이 많은 방학동의 은행나무다
방학동 은행나무가 800년이 넘게 한양부터 서울까지
세월의 속도를 말없이 지켜보고 있다

고려산 진달래

사월이라 사람들이 나를 보러 이곳까지 왔구먼
이봐요 지나가는 젊은이
내 이야기 좀 들어볼 텐가

중국 촉나라에 한 사람이 있었어
그의 이름은 두우였지
그는 그만 원통한 한을 품고 죽고 말았다네
죽으면서 그의 겨드랑이에는 날개가 돋쳤지
눈을 떠보니 그는 새로 변해 구만리 장천을 날고 있었어

그는 매일 피울음을 토해냈어
그의 피울음이 내게 배어들었지
그 새의 이름은 두견새
나는 그 새가 울 때 피는 꽃이어서 두견화
사람들은 나를 진달래라고도 부르지
올 해도 그 새의 피울음이 내 몸에 스며들었지

이봐요 젊은이
사람들이 나를 배경으로 카메라 셔터를 쉴 새 없이

눌러대는구먼
  김소월은 나에 대해 시를 쓰면서 나는 유명세를 타기 시작했지
  내년에 또 오게
  내년에는 더 멋진 모습으로 이 자리에 앉아 있겠네

황궁의 백조들

바람 한 점 없는 실개천 위에서
작은 양 날개를 파닥거리는 오리들
실개천 위로 날지 못하고
짧은 비행을 마치는 미운 오리들

오랫동안 꾸어온 꿈이
마침내 현실에서 이루어지는 순간

바람 많이 부는 호수 위에서
큰 양 날개를 활짝 펴는 백조들
호수 위를 훨훨 날아
긴 비행을 시작하는 멋진 백조들

오대양 육대주를 날아올라
곳간에 황금알이 넘치는 기회의 시간들

나의 작은 영웅*

감성의 바람이 불어온다
잠자던 내 뇌 속으로
이성의 향기가 밀려온다
무뎌진 내 귓속으로

아다지오부터 알레그로까지
발라드에서 트로트까지
희망을 낭독하는 싱어송라이터
슬픔을 낭송하는 음유시인

그는 어머니들의 국보
그는 나의 작은 영웅
그에게 건행을 외치는 영웅시대
인연의 징검다리 건너
사랑역에서 부르는 영웅의 인생찬가

* 트로트 가수 임영웅

詩나무 단상

너는 사철 푸른 침엽수다
나이를 먹을수록 나이테를 감춘다
너는 바람의 바이올린을 켜고
비의 건반을 두드리고 구름의 피리를 분다
너는 아침을 술 삼아 태양의 문장을 만든다
저녁을 안주 삼아 달의 읊조림을 받아쓴다
너의 우렁찬 집념의 심장소리다
생각의 둥지를 틀고 있는 중이다

익선동 한옥마을

종로3가역 4번 출구를 조금 걸어가면
그가 한복을 곱게 입고 버선발로 나를 맞이한다

그의 몸에는 과거와 현재와 미래가 춤을 추고
그의 마음에는 그가 남기고 간 미소가 흩어져 있다

그를 만날수록 배가 부르고
그를 마주할수록 마음이 부르다

그가 만든 정 한 묶음과 사랑 한 단이
희망의 불판 위에서 즐겁게 익어간다

월화원 풍광

물의 근원(水源)이고 싶은
도시의 한복판

그 안에 펼쳐진
또 다른 세상

창문 너머 무릉도원이
'니 하오(你好)'라고
내게 말을 걸어온다

나는 지금 수원에서
광둥성을 걷고 있다

아름다운 원자

더이상 쪼갤 수 없는 곳에서
원자는 끝없는 핵분열을 시작하고 있다

10억 분의 1밀리미터도 되지 않는 지름 안에서
원자는 끝없는 에너지를 쌓아가고 있다

원자핵과 전자의 거대한 두 날개를 펼치고
원자는 태양을 향해 힘껏 날아오르고 있다

지구별이 생명을 다하는 그날까지
길이 끝나는 그곳에서도
원자는 끝없는 존재의 탐구를 이어가고 있다

모호한 경계

꿈속에서 꿈을 꾼다
현실에서도 꿈을 꾼다
꿈이 꿈일까
현실이 꿈일까

지구 밖에서 지구 안을 본다
지구 안에서 지구 밖을 본다
지구 안이 꿈일까
지구 밖이 꿈일까

장자는 꿈에 나비가 되고
나비는 꿈에 장자가 된다
장자가 나비가 된 것일까
나비가 장자가 된 것일까

지구 안에서 날고 있는 흰 나비는
오늘도 꿈꾸는 중이다

4부

담쟁이 성도(聖徒)

지구별의 임차인

이 세상에 태어난 나는 어머니께 빚졌다
어머니는 내게 무상으로 아기집을 빌려주셨다

이 세상에서 숨 쉬고 있는 나는 자연에 빚졌다
자연은 내게 무상으로 공기를 빌려주었다

이 세상을 살아가는 나는 하나님께 빚졌다
하나님은 내게 무상으로 세상을 빌려주셨다

우리가 이 세상에 태어난 것
우리가 자연에서 숨 쉬고 있는 것
우리가 이 세상을 살아가는 것
이 모두는 우리가 하나님께 진 빚

지구가 자전과 공전을 하며
하나님의 마음과 끊임없이 소통하고 있다

담쟁이 성도(聖徒)

그들은 땅에서 햇살영양제를 맞고
하루도 쉬지 않고 벽을 오른다
그들은 언제나 푸르름을 간직한 채
한 발 두 발 인생의 벽을 오른다

그들은 사람들 사이의 마음의 벽을 허물고
왼발 오른발 박자에 맞추어
한 발 두 발 인생의 벽을 기어오른다

그들은 사람들 사이의 불신의 벽을 뚫고
물러섬 없이 후회 없이 승리의 깃발 향해
인생의 담장을 날아오른다

그들은 아침에는 벽을 타고 기다가
낮에는 바람을 타고 날다가
저녁에는 구름을 타고 솟아오른다

내가 정말 존경하는 그들
나의 담쟁이 성도(聖徒)

디아스포라*

그가 두 귀를 쫑긋 세우고 간절히 기도한다
그가 리모컨을 켜고 세상에서 가장 오래된 달 TV를 본다
그가 고향에 두고 온 아들이 절구로 방아를 찧는다
둠두둠두 둠둠둠

그가 그에게 화면으로 떡방아와 절구를 보낸다
그가 떡방아를 찧는다
둠둠둠 두둠두둠

그의 등 위에 세월의 나이테가 붉게 피었다
백남준 아트센터에 있는 그의 방에 눈물꽃이 피었다
내 눈에 소금꽃이 봉우리를 사르르 터뜨리고 있다

그도 그를 따라 눈물 흘린다
달에는 아직도 토끼가 산다

* 디아스포라(diaspora) : 고국을 떠나 흩어져 사는 사람들

신앙의 포도밭

해발고도 1,000미터에 이르는 곳에 있는
최고의 포도 산지 헤브론

환경과 바람이 거칠면 거칠수록
일조량과 일교차가 많으면 많을수록
풍성한 열매를 맺는 포도나무

하나님은 풍성한 열매
나는 유약한 가지
하나님을 떠나면 아무것도 할 수 없는 나*
하나님 없는 세상은 태양 없는 암흑

하나님이 키우시는 헤브론의 포도밭에
성령의 포도 열매가 끝없이 펼쳐져 있다

* 요한복음 15장 5절 인용

맨발의 소명자(召命者)*를 소명(疎明)하다

죽전역 새에덴교회에 가면 그를 만날 수 있습니다
그는 설교단 위에서 언제나 당당합니다
그의 두 어깨도 항상 당당합니다
안경 너머 그의 열정이 불사조가 되어 타오르고 있습니다

누구나 한 번뿐인 생에서 바람에 흔들리기 마련입니다
흔들리는 그에게 너라는 계절이 찾아왔습니다
그는 주님의 말씀들을 영혼으로 받아 적고
그 말씀들은 영혼을 어루만지는 시가 되었습니다
그는 사막을 옥토로 만든 꽃밭여행자입니다

윤동주는 별 헤는 밤을 노래하고
그는 다시 별 헤는 밤을 노래했습니다
그의 인생의 빈 노트에는 아직도
주님이 주어로 채워지고 있습니다

그는 어젯밤에도 꿈을 꾸었습니다
주님은 수많은 별 중에서 그라는 별을 택하셨습니다
주님은 그의 지친 옷깃을 여미셨습니다

주님은 그에게 사랑도 주셨습니다

그는 외로운 선율을 찾아서 떠납니다
그는 갈릴리에서 첫사랑의 추억을 생각합니다
그는 평화의 꽃길을 활짝 열고
하모니카로 어메이징 그레이스를 멋지게 연주하고 있습니다

신의 놀라운 은총을 에워싸는 전율이
프라미스 콤플렉스 성도들의 마음 위에서
영원히 울려 퍼지고 있습니다
그의 마음 깊이 파고든 피리의 선율이
영혼의 날개를 달고 힘차게 날아오르고 있습니다

* 새에덴교회 소강석 담임목사

보혈의 십자가

냉장고에서 계란 하나를 꺼냈다
갑작스럽게 돌아가신 어머니의 장례를 마치고
부대에 복귀하자마자 큰 훈련이 나를 기다리고 있었다
나는 철원의 한 부대에서 연대종합 훈련을 받고 있었다

50분을 걸은 후 10분간의 휴식
몸이 얼고 수통의 물도 얼었다
군장은 내가 짊어지고 가야 할 삶의 무게
어두운 밤에 나는 앞에 있는 병사의 발만 보고 걸었다

갑자기 밤하늘이 보고 싶어져서 바라본 하늘
촘촘하게 하늘정원에 박힌 수많은 별들이
어머니의 눈물을 훔치고 있었다

고난의 길에서 연대 목사님이 병사들에게
삶은 계란을 하나씩 나누어 주셨다
계란은 내게 정신적 부활의 징표였다

그로부터 30년이 지났고 다시 부활절이 가까워졌다
예수님은 돌아가신 지 사흘만에 부활하셨고

나는 신앙의 리본(ribbon, 끈)을 이어 나가는 중이다
나는 영적으로 리본(re-born, 다시 태어남) 하는 중이다

부활의 기도

매서운 시베리아 한파가 나를 음식점으로 몰고 왔다
안경에 낀 김을 닦아내었다
어느새 감자수제비 한 그릇이 테이블 위에서
맛집 평가를 기다리고 있었다

어린 시절 어머니는 밀가루로 자주 음식을 만들어주셨다
어머니의 음식 중에서 감자수제비가 최고였다
어머니는 밀가루에 식용유를 넣고
쫄깃한 밀가루 반죽을 만드셨다

어머니가 손으로 떼어낸 밀가루 반죽이
간이 잘 된 솥단지에 투하되었다
그 위로 애호박 감자 폭탄이 투하되었다

설국(舌國, 혀의 나라)은 수제비왕국에 항복을 선언했다
창문 틈으로 돌아가신 어머니가 나를 지켜보고 계셨다
여호와가 나를 지켜보시는 어머니를 지켜보고 계셨다

창문 위로 설국(雪國)의 풍경이 펼쳐져 있다
안경이 어머니의 말씀을 받아쓰기하고 참회의 눈물을
흘리고 있다

약속의 성전*

그곳에 가면 마음이 따뜻해집니다
믿음의 주님이 내 뜻대로만 살아온 나를
찬양으로 이끌고 계시니까요

그곳에 가면 마음이 편안해집니다
소망의 성도들이 진실한 마음으로
마음의 본향인 여호와께 기도하고 계시니까요

그곳에 가면 눈물이 납니다
참회의 기도를 드리는 그 순간
사랑의 주님이 묵묵히 내 손을 잡고 계시니까요

우리는 두 번 태어납니다
우리는 한 번은 생존을 위해서 태어나고
또 한 번은 신앙을 위해서 태어납니다

태양은 주님의 말씀을 뼈속 깊이 새기고
프라미스 컴플렉스에서 천사들의 찬송가를 들으며 힘차게 다시 태어납니다

* 새에덴교회의 프라미스 홀

벚꽃들의 작정기도

육체뿐만 아니라 영혼에도 중요한
내 인생의 골든타임

구하고 찾고 두드리니 열리는
내 영혼의 구원

심폐소생술로 다시 살아난
내 영혼의 축복

인생액자 위에 활기차게 흐르는
내 영혼의 변신

제주에서 서울까지
한반도의 곳곳에서 펼쳐지는 봄날의 축제

바람과 춤추며 시작되는
내 영혼의 무도회

명품인생

명품 손목시계를 차고
명품 가방을 들고
호텔에서 몇십만 원짜리 뷔페를 먹는다고 행복할까

몇만 원짜리 전자시계를 차고
손잡이가 닳은 중고 가방을 들고
허름한 식당에서 몇천 원짜리 백반을 먹는다고 불행할까

나는 지금 새에덴교회의 프라미스 콤플렉스에 앉아서
내 삶을 주관하시는 주님을 만나고 있다

젖과 꿀이 흐르는 가나안 땅 위에
희망의 씨앗이 자라고 있다
불모지였던 내 마음의 땅 위에
성령의 생명나무가 쑥쑥 자라고 있다

믿음의 걸음마

처음으로 교회에서 맞이한 2024년 송구영신 예배
믿음이 충만한 성도들의 진심 어린 기도
치유의 천사 라파엘이 은나팔을 불고 있다

이삭은 우물을 파서 그 이름을 르호봇이라고 명했고
나도 우물을 파서 그 이름을 유레카라고 명한다

두려워 말라 내가 너와 함께 함이니라*
내 성령의 바닷속에
사랑 품은 하나님의 임재(臨在)가 깃든다

망원경을 통해서는 천 리가 보이지만
기도를 통해서는 천국이 보인다

* 이사야 41장 10절 말씀

성령의 사다리

제 마음의 방에는 오랫동안 방치된 수도꼭지가 있습니다
저는 성령의 힘으로 충만한 교회 의자에 앉아있습니다

놀라운 신의 은총이 천지연폭포가 되어
제 눈앞에 황홀하게 펼쳐지고 있습니다

이제야 저는 깨단습니다
지금까지 제가 살아온 모든 것은
주님의 세심한 계획이었다는 것을
지금까지 제가 살아온 모든 것을
주님이 하나하나 지켜보고 계셨다는 것을

제 마음의 방에는 오랜만에 열리는 수도꼭지가 있습니다
지금 저는 성령의 열기로 충만한 프라미스 홀에서
하나님께 기도하며 앉아있습니다

무한한 신의 섭리가 직소폭포가 되어
제 몸 앞에 광활하게 펼쳐지고 있습니다

새신자의 철야기도

달님이 빛으로 밤하늘을 수놓는 이 시간
순수한 어린 별 하나가 지금 교회의 의자에 기대어있다

가까이
더 가까이
좀 더 가까이
하늘과 좀 더 가까이

별빛이 그의 어깨 위로 조금씩 내려앉고 있다
커다란 별님 하나가 하늘에서 그를 흐뭇하게 지켜보고 있다

슬기로운 교리 선생님

그는 냉철한 머리를 지닌 의사다
질병의 자물쇠를 푸는 다윗의 열쇠가
환자들의 육체의 빗장을 풀고 있다

그는 따뜻한 심장을 지닌 치유사다
사랑의 자물쇠를 여는 다윗의 열쇠가
신자들의 영혼의 빗장을 풀고 있다

천국문에 이르는 다윗의 열쇠가
메디컬 처치의 은총 위에서
하나님의 특별계시를 받고 있다

그는 그 크고 넓은 교리를
끝없는 우주보다 사랑하고
드넓은 바다보다 좋아하는
투명 날개를 단 천사다

슬기로운 교리를 배우다

창세기 출애굽기 레위기
민수기 신명기 여호수아
이천 년이 넘는 성경의 바다가 교가 안에 펼쳐져 있다
교가 안에서 주님이 살아계신다

마태 마가 누가 요한 사도행전 로마서
고린도전·후서 갈라디아서
이천 년이 넘는 성경의 강물이 교리 안에 흘러넘치고 있다
교리 안에 주님이 함께하신다

디모데전서 디모데후서 히브리서
요한서 유다서 요한계시록
황무지 위에 수십 년 넘게 잠자고 있던 내 신앙이
하늘에서 내린 만나 먹고 기쁘게 자라고 있다

말씀의 선물 받으신 이재훈 목사님의 생명말씀이
어린 양이 깃든 신앙의 방 속에서 눈에 띄게 자라고 있다
401호에 사랑의 생명나무가
단비 맞고 몰라보게 자라고 있다

언약의 징표

하늘에서 먹구름이 몰아치는 것을
두려워하지 말라

하나님의 말씀이 기록된 희망의 무지개가
먹구름 속에 떠오르고 있다

삶에 먹구름이 몰아치는 것을
두려워하지 말라

먹구름의 품 안에는
하나님의 말씀을 상징하는 언약궤가 있다

어둠이 없는 새벽은
빛이 없는 낮이다

내 인생의 금메달

올림픽의 꽃은 마라톤
마라톤의 끝은 인내
누구에게나 공평한 42.195km
전환점을 돌면 보이는 고난의 언덕
스콜*이 되어 뼛속까지 흐르는 땀의 행진

빨리 포기하라고 말하는 현실의 나
쉽게 포기하지 말라는 주님의 음성
어두운 저녁이 다 지나고
나의 인생 트랙 위에도 아침이 찾아왔다
태양 위로 보이는 주님의 옷자락
주님이 내 인생의 주사위를 이미 던지셨다
인내의 꽃은 금메달
금메달의 끝에는
늘 내 삶의 주인이신 주님의 손길

* 스콜(squall) : 열대성 소나기

5부
꿈꾸는 바이블

헤리티지* 새벽기도

별들도 잠자는 이 시간
예배 홀 천장 위에서 유산이 내려온다

다윗은 그의 아들 솔로몬에게 믿음의 유산을 남겼고
솔로몬은 후손들에게 지혜의 유산을 남겼다

한 겹 줄은 쉽게 끊어지지만
세 겹 줄은 쉽게 끊어지지 아니하느니라**

기도는 하나님이 남기신 최고의 유산이요
하나님이 내게 내미시는 따뜻한 손길이다

* 헤리티지 : heritage, 유산
** 전도서 4장 12절

2024년 부활절 퍼레이드

예수님이 살아오셨다
대한민국의 중심인 서울
서울의 중심인 광화문광장에
예수님이 다시 살아오셨다
따스한 봄날의 햇살과
기수들의 호위를 받으며
예수님이 정말 다시 살아오셨다
플룻과 트럼펫과 큰북 남매가 보내는
환호의 박수를 받으며

광화문광장의 지킴이인
이순신 장군과 세종대왕이
그의 출현을 빛나게 지켜보고 계셨다

드론 비행기가 신이 나서 하늘에서 춤을 추고
깃발은 신이 나서 바람의 노래를 부르고 있었다
여호와의 언약궤가 내 마음에 들어오고 있다

He is risen indeed.

2024년 부활절 칸타타*

프라미스홀을 에워싸는 'Way Maker'의 가사

주 여기 운행하시네
나 경배해 주 경배해

약속의 성전에 울려 퍼지는 천사들의 합창

주 여기 역사하시네
나 경배해 주 경배해

내 귓가에 낭랑하게 들리는 주님의 음성

난 너를 지켜봐왔다
난 믿는다 널 믿는다

내 뺨에 흘러내리는 참회의 기도

내 삶의 빛이신 주님
나 찬양해 주 찬양해

새에덴동산의 지붕 위에서
무지개가 희망의 찬송을 부르고 있다

* 17세기에서 18세기까지 바로크시대에 발전한 성악곡의 한 형식

꿈꾸는 바이블

그는 꿈에서 깨어 꿈의 공항을 출발했다
그가 드디어 에덴나라에 입국했다
그가 에덴 공항에서 내리자
많은 팬들이 그를 보러 나왔다

이미 월드 스타인 그가 내게 다가왔다
무심한 내게 그가 무심히 말을 걸었다

아침에 잠에서 깨었다
그가 내 목 밑에서 포근한 베개로 잠을 자고 있다

하늘에서 유성 하나가 떨어진다
성경책 위로
그리고
내 뜨거운 심장 위로

나는 누구인가

저는 죄인입니다
저의 죄를 대속하신 주님 앞에서
저는 침회하는 죄인입니다

저는 불안한 인간입니다
저를 하나부터 열까지 보살피시는 주님 앞에서
저는 불안한 인간입니다

저는 새내기입니다
이제야 주님을 영적인 아버지로 믿는
저는 주님학교의 영원한 새내기입니다

눈물이 쏟아집니다
저도 모르게 눈물이 쏟아집니다
저를 위해 하늘의 별이 되신 주님을 생각하면
저도 모르게 눈물이 왈칵 쏟아집니다

주님의 십자가가 빛나고 있습니다
주님께서 흘리신 보혈의 십자가가
제 마음속에서 영원히 빛나고 있습니다

바람의 외출

아침 댓바람부터
콧바람을 쐬러 나왔다
코에 바람 들어 코감기에 걸렸다
동장군이 심술을 부리는 바람에
새벽 댓바람 맞으며
꽃바람 쐬러 나왔다

카드를 마구 긁었다
지름신이 강림하는 바람에
코가 바람을 불고
바람이 꽃을 분다
꽃이 바람을 불고
바람이 코를 분다

바람이 인생을 분다
이제 바람을 딛고 일어나자

소명(召命)

삶의 두갈래길에서 어느 길로 나아갈지 고민할 때
내 인생의 안내자가 되어주시는 주님
삶의 배를 타고 드넓은 바다를 헤맬 때
내 인생의 등대가 되어주시는 주님

내 삶의 새벽에 길을 만들어주시는 주님
너의 행사를 여호와께 맡기라
그리하면 네가 경영하는 것이 이루어지리라*

주님의 말씀이 내 귀로만 들리는
외적 소명의 무대를 벗어나
주님의 말씀이 내 귀와 내 영혼으로 들어오는
내적 소명의 무대로 나아가기를 두 손 모아 기도합니다

내 인생의 과거와 현재와 미래를 주관하시는 주님
내 과거와 현재와 미래 모두
오로지 주님께 맡기고 나아갑니다

* 잠언 16장 3절

칡나무

영통(靈通)역에 모인
영적으로 통하는 사람들
새로운 인맥의 칡이 많은
신갈역(新葛驛)으로 향한다

혹독한 겨울의 추위를 이겨내고
땅속 깊이 뿌리를 박고
꿋꿋이 살아남은 칡

햇빛도 안 드는 땅속 깊은 곳에서
수십 미터 이상 좌우로 끝없이 이어지는
줄기의 날개

심봤다
끝없이 이어지는 줄기의 날개 속에서
영혼이 보이기 시작했다

지지 않는 별

30년 넘게 전국을 누비던 별 하나
빛을 잃고 천사의 품으로 돌아갔다
마지막으로 맞춘 양복 한 벌
주인 잃고 전 국민의 눈물이 되어버렸다

송사리도 미소 짓게 하는
해맑은 입담

2022년 6월 8일은 분명히 기억한다
평생 동안 노래한 별을

일요일의 별은
영원히 우리 곁에서 주인공이 되어
하늘에서도 전국 노래자랑을 진행할 것이다

'여러분 안녕하세요'라는 목소리의 선율이
송해길의 동상 옆에서 쩌렁쩌렁 울린다

꿀벌의 비행

불멸을 꿈꾸며
넥타르를 찾아 떠난
원정대의 은빛 날개

그들의 양어깨에 매달린
주홍빛 희망

파란 하늘 은행에
차곡차곡 쌓인
하얀 구름 통장

구름 아래 와르르 쏟아지는
금빛 행운의 열쇠

가을의 성찰

메 베디트 데우스(Me Vidit Deus)*
2023년 겨울부터 2024년 봄까지
하나님은 나를 말없이 지켜보고 계셨습니다

기상대 관측 사상 최다기록을 세운
2024년의 열대야 가운데에도
하나님은 나를 기쁘게 지켜보고 계십니다

나의 처소에서 조용히 감찰함이 쬐이는 일광같고
가을 더위에 운무같도다**
햇살이 뜨거우면 뜨거울수록
하나님은 나를 더 뜨겁게 지켜보고 계실 것입니다

2024년 8월의 마지막 일요일인 오늘
희망의 옷으로 갈아입고
가을 더위에 운무같이 달려갑니다
말없이 기쁘게 뜨겁게 나를 지켜보시는 주님을 뵈러요

* 하나님은 항상 나를 지켜보고 계신다
** 이사야 18장 4절

고백의 기도

태양계에서 가장 빛나는 별
태양계를 넘어 가장 영원한 빛

나는 아폴론의 태양 마차를 몰고
제네시스*를 타고
겨울 여행을 떠납니다
별빛의 꿈을 찾아서

* 성경 '창세기'의 영어 표현

경이로운 순간

육체는 생명을 끝내지만
영혼은 부활하는 순간

고난의 문이 닫히고
천국의 문이 열리는 순간

상한 갈대 꺾지 아니하신*
주님의 얼굴이 성경 위로 잠시 보이는 순간

우리가 살고 있는 순간
우리가 죽은 후의 순간
이 모두가 아름다운 이별의 순간

* 마태복음 12장 20절

눈송이의 설교

네 인생의 겨울이 오기 전에
나를 맞을 준비를 하라

네 인생의 겨울이 오면
나를 찾아 오라

네 인생에 봄이 오기 전에
나를 떠날 준비를 하라

네 인생에 봄이 오면
내 마음에도 봄이 오리라

메디컬 처치

교회 문을 열고 나가면 보이는 병원
병원 문을 열고 나가면 보이는 교회
파라볼라노이*의 정신을 마음 깊이 새기는
교회 안의 교회

너는 내 사랑하는 아들이라
내가 너를 기뻐하노라**
하나님이 미리 준비하신 두 사명자***
담임목사님과 의료목사님의
미래를 내다보는 현명한 안목
팬데믹시대에는 방역으로
포스트 팬데믹시대에는 보살핌으로 섬기는
교회 안의 병원

병원 문을 열고 나오면 보이는 교회
교회 문을 열고 나오면 보이는 병원
에덴동산에 힘차게 떠오르는 희망의 무지개

* 위험을 무릅쓰고 곁을 지키는 자
** 누가복음 3장 22절
*** 소강석 담임목사님과 이재훈 의료목사님

설국의 전도사

2017년 12월의 어느 날
나는 죽전역 근처의 한 카페에서 따뜻한 차를 마시고 있었다
그때 무언가가 창문을 두드리고 있었다

고개 돌려 주위를 보니 화려한 설국의 거리
설국의 거리에서 마시는 차가 감주보다 감미로웠다
창밖이 바로 무릉도원

2024년 2월의 어느 날
나는 죽전역 근처의 한 교회에서 성경으로 하나님의 음성을 듣고 있다
그때 무언가가 내 심장의 문을 두드리고 있다

고개 들어 주위를 보니 주님의 은혜 받은 성전
성전에서 마시는 찬양의 성수(聖水)가 만나보다 달콤하다
교회 안이 바로 예루살렘

하늘에서 땅으로 이어지는 하얀 축복의 눈세례

눈세례가 인연의 점들을 하나로 잇고 있다*

* 아이폰의 창시자 스티브 잡스(Steve Jobs)가 말하는 connecting the dots

산수유 신화

겨울의 시련을
푸른 하늘에 감추는
하나님의 섭리

가녀린 두 손 모아
여호와께 간절히 드리는
영원불멸의 기도

황금 향유 몰약으로
사망을 폐하시는
주님의 손길

해마다 봄이 되면
노란 희망 안고 오시는
그리스도의 몸

작품해설

기독교 신앙을 바탕으로 한 긍정의 시학

- 김순진 문학평론가

작품해설

기독교 신앙을 바탕으로 한 긍정의 시학

김 순 진 문학평론가

1. 들어가는 말

요즘 세계인의 관심은 AI에 집중된다. 과연 AI의 능력이 어디까지 갈 수 있으며, 'AI가 인간을 통제할 수 있을까?'에 관심이 집중되어 있다. AI의 발전 속도는 지켜보는 사람들을 공포로 몰고 가기에 충분하다. AI가 바둑으로 이세돌 9단을 이긴 것은 빙산의 일각이다. AI로 시와 소설을 쓰고, AI로 작곡과 노래를 하며 그림을 그려내는 것이 일상화되고 있다. 그런데 그렇게 걱정할 필요는 없다. AI란 밑바탕에는 모두 인간이 정해놓은 관련 데이터가 있어야만 가능한 일이다. 게다가 AI란 전원을 통제하는 한 불가능한 작업이다. 그리고 관련 용어를 제시해주지 않고는 AI가 우리의 생각처럼 스스로 결과물을 내놓을 수 없다. 출판사 대표인 나는 이 시집의 표지를 AI로 그렸다. 나는 인터넷 AI사이트에 관련검색어 '장미, 가시, 십자가, 손' 등을 입력했고 몇 번의 작업 끝에 장웅상 시인이 좋다는 결과물의 시집 표지 이미지를 얻었다. 결국 AI는 상상력의 결과물이 아님을 확인할 수 있다. 인간이 그동안 데이터화한 자료를 믹스해낸 것이 AI의 결과물이고, 인간의 상상력과는 근본적으로 그 결을 달리한다. 장웅상 시인은 엄청난 데이터를 머릿속에 넣은 움직이는 AI라 해도 과언이 아니다. 영문학박사를 비롯하여 무려 12개의 학위를 가지고 있는 그는 공부벌레로 불린다. 그렇지만 지식이 많은 사람이 좋은 시를 쓸 수 있는 것은 아니다. 만일 그렇다면 일류대학의 교수들이 가장 좋은 시를 써야 하는데, 인간성 좋은 사람이 좋은 시를 쓸 수 있는 소질이 더 많다. 그리고 인간성 좋은 사람은 대부분 시골 사람이거나, 인생 경험이 많은 사람이다. 장웅상 박사는 엄청난 지식이 들어있는 컴퓨터 같은 사람이지만, 그는 정말 인간성 좋은 이웃 아저씨며, 하나님 말씀에 순종하는 착한 사마리아 사람이다. 그래서 그는 좋은 시를 쓰기에 충분하며, 그는 AI의 시와는 비교가 되지 않을 감동을 선사한다.

그럼 이쯤에서 그의 시 몇 수를 읽어보면서 감동스런 그의 작품에 밑줄을 그어보자.

2. 상상력과 묘사

태양왕(Sun)이 46억 년 동안 지구에 빛을 주었다
50억 년 1월 1일 그가 아프다는 소식이 전해졌다
왕의 주치의인 수성 박사가 그의 체온을 쟀다
평소에 그의 체온이 7,000도이고 내부 체온이 1,500만도인데
오늘 그의 체온이 5,000도 이하로 떨어졌다
태양왕은 건강 회복을 위해 태양 온천으로 요양을 떠났다
금성 공주가 아버지의 자리를 대신했다
그녀의 체온은 아버지의 체온과는 비교도 되지 않는 900도밖에 되지 않지만
부드러운 섬김의 리더십으로 나라를 다스렸다
금성 공주 비너스(Venus)는 화성의 남자 마스(Mars)와 결혼해서
지구(Earth)를 낳았다
이후 금성 여왕의 통치가 태양왕이 수명을 다한 50억 년 동안 계속되었다
눈을 떠보니 50억 2023년 12월의 첫 번째 주말 아침이다
태양은 하늘 높이 밝게 빛나고 있다
아내는 아직 꿈속에서 나라를 다스리고 있다
금성 여왕을 위해 압력솥에 밥을 하고 반찬을 만든다
아내와 내비게이션의 말을 잘 듣는 게
지구별 나라에서 최고의 행복이다

– 「행성 이야기」 전문

이 시는 상상력의 산물이다. 앞서 말한 바와 같이 AI는 인간이 입력시켜놓은 데이터에 의한 믹스의 결과물을 내놓을 뿐, 인간의 아름다운 추억도 미래를 위한 상상력도 추종할 수 없다. 우주의 나이는 46억 살로 추정된다. 지구 역시 그렇다. 앞으로 4억 년이 지난 50억 년 1월 1일을 상상한 사람은 AI를 포함해 지금껏 아무도 없었다. 장웅상 시인만이 그날을 상상했고, 그는 태양왕의 주치의를 수성으로 명명한다. 금성은 태양왕의 딸로 그녀는 화성과 결혼해 지구를 낳았다. 이는 장웅상 시인이 상상력으로 쓴 세계 최초의 우주 신화다. 참으로 재미있는 상상이다. 이 세상에 존재하는 만물은 모두 밥을 먹는다. 인간은 밥을 먹고, 여자는 사랑을 먹고, 세월은 젊음을 먹는다. 태양은 우러름을 먹으며, 어둠은 밝음을 먹고, 바위는 기다림을 먹는다. 빗물은 웅덩이를 먹고, 나무는 푸름을 먹고, 구름은 맑음을 먹는다. 총소리는 자유를 먹고, 폭력은 휴식을 먹고, 보이스피싱은 평화를 먹는다. 기차는 여행을 먹고, 바퀴는 도로를 먹으며, 오솔길은 발자국을 먹는다. 그리고 자신의 아내를 현존하는 금성여왕으로 명명하고 그는 아내 금성여왕을 위해 밥을 짓는 수고를 게을리하지 않는다.

과대표를 꽈대표로 부르는 나라
주꾸미를 쭈꾸미로 부르는 나라
자장면을 짜장면으로 부르는 나라

사모님을 싸모님으로 부르는 나라
소주를 쐬주로 부르는 나라
세련을 쎄련으로 부르는 나라
빤뜻이 이불도 맞추고
쫍은 마음을 넓게 키우겠쏘
짝은 씨앗을 쪼끔씩 키우겠소
싸랑하는 싸람들께 수확물도 쬐끔씩 나눠드리겠쏘
쫑파티도 가끔씩 하면서 쌩맥주 한 잔 마시면서
효꽈적인 삶을 살겠쏘

– 「된소리 공화국」 전문

시의 대상이 꼭 사물, 즉 물건일 필요는 없다. 동식물의 생장에서부터 모서리와 모퉁이 같은 무생물의 생김새, 이 빠진 동그라미의 고뇌 같은 것도 모두 시의 대상이 될 수 있으며, 특별히 장웅상 시인이 쓰고 있는 언어의 다의성 역시 시의 중요한 소재가 된다. '곰'은 뒤집어 놓으면 '문'이 되며 '꽃'이라는 글자는 스스로가 꽃을 연상시킬 만큼 아름다운 형체를 지니고 있다. 그런 의미에서 우리가 된소리를 쓰는 이유는 크게 두 가지로 유추해볼 수 있다. 하나는 전달하려는 말의 강조를 위한 자의적인 표현이요, 또 다른 하나는 발음이 강한 이웃국가 특히 중국이나 러시아, 몽골의 영향이라 할 수 있을 것 같다. '참새는 짹짹', '수탉은 꼬끼오', '병아리는 삐약삐약' 같은 말은 전달하려는 말을 강조하기 위함이라 생각해볼 수 있고, '성격이 깐깐하다.'와 '재미가 쏠쏠하다.' 같은 된소리는 칭기즈칸이나 쿠빌라이칸과 같이 근엄한 사람을 지칭하는 말 '칸(왕, 우두머리)'에서 나온 경음으로 유추해볼 수 있는데 그런 영향은 자국 말의 경음이 많은 중국이나 러시아, 몽골의 영향을 추측해볼 수 있다. 한국(韓國)이란 이름도 칸이 있는 나라 '칸국'에서 유래되었을 가능성이 있다. 우리말 된소리에는 'ㄲ, ㄸ, ㅃ, ㅆ, ㅉ'이 초성으로 쓰이는 말을 예로 들 수 있는데, 흔히 비속어나 욕으로 많이 쓰인다. 그렇지만 'ㄲ'에서 파생된 꿈(dream), 꾀(idea), 꼴(style), 깡(guts), 끼(talent), 꾼(professional), 끈(network) 등의 된소리는 '성공하는 사람들의 일곱 가지 쌍기역'이란 이름으로 널리 알려져 있다. 나는 장웅상 시인이 잔꾀를 부리거나 뒷배가 든든한 끈이 있는 사람인지는 잘 모르겠지만, 적어도 그에게는 꿈을 향해서라면 무모해 보이지만 도전정신을 발휘해 깡을 부리며, 끊임없이 끼를 개발하고, 결국 시인다운 시인, 즉 꾼이 되려는 자기 개발적인 된소리를 상상하는 사람으로 본다.

3. 상상력과 관찰

경복궁역 3번 출구로 나와서 마을버스를 탄다
이번 정류장은 붉은 노을이 마스코트인
자하문(紫霞門)입니다

설렘 한가득 안고 그를 인터뷰하러 간다
그의 집 맞은편에는
맑은 구름이 액자 밖에 산수화로 펼쳐져 있다
액자 속에 청운(淸雲)도서관이
병풍으로 펼쳐져 있다
우물에 비친 얼굴을 보며
원고지에 마음을 담백하게 써 내려간 사나이
시가 이렇게 쉽게 쓰여지는 것은
부끄러운 일이라고 말한 사나이
불로초를 먹지 않아도
언제나 20대의 피부를 유지하는 사나이
백양로 길에 난 소나무 숲의 기념비 앞에서
불멸의 독수리가 인연의 기쁨을 노래하고 있다

-「동주 날다」 전문

얼마 전 동료 시인들과 윤동주문학관에 다녀왔다. 나는 윤동주문학관과 깊은 관련을 가지고 있는 사람이다. 20년 전 박영우 대표가 처음 ≪서시≫란 문학지를 만들 때 나는 창간호와 2호의 편집을 우리 출판사에서 해주며 편집국장이란 직함을 맡아 활동했었다. 윤동주문학관은 지금은 ≪시산맥≫이란 문학지를 발행하고 있지만, 전에 ≪서시≫란 문학지를 발행하며 윤동주문학상을 제정해 운영하고 있는 문정영 대표와 박영우 대표가 종로구청에 건의해 만든 문학관이다. 원래 그 자리는 수도가압장으로 사용하던 건물이었다. 그러던 것을 중국 명동에서 우물터로 사용하던 나무를 가져왔고, 가압장은 윤동주가 갇혀 있다가 29세의 젊은 나이로 생을 마감한 일본의 후쿠오카 감옥을 연상하게 꾸며졌다. 2012년 6월에 개관된 윤동주문학관은 2013년 1월에 대한민국 공공건축 부문 국무총리상을 수상하기도 했고, 2014년 9월에는 윤동주문학제가 시작되어 해마다 개최되고 있다. 윤동주를 생각하면 우선 "죽는 날까지 하늘을 우러러 / 한 점 부끄럼 없기를 / 나는 잎새 이는 바람에도 / 나는 괴로워했다"로 시작되는 「서시」가 생각난다. 그렇지만 이 시는 원래 시로 쓴 시가 아니라 시집 『하늘과 바람과 별과 시(詩)』 속의 '서시' 즉 작가의 말로 써둔 시였는데, 그 내용이 너무도 거룩하고 아름다워서 윤동주의 명성을 드높이게 된 결정적인 시다. 「서시」의 뒷부분을 다시 읽어보자면 "별을 노래하는 마음으로 / 죽어가는 모든 것들 사랑해야지 / 그리고 나에게 주어진 길을 / 걸어가야겠다 // 오늘 밤에도 별이 스치 운다"로 되어 있는데, 윤동주가 이 시를 쓸 때의 시대적 배경은 그가 활동했던 1930년대 후반부터 1940년대로 일본의 식민지 지배가 매우 심했던 시기이다. 한국을 발판으로 중국과 러시아 동남아시아까지 세력을 뻗친 일본은 731부대의 인체실험 및 종군위안부, 노무자 등 수없이 많은 악행을 저질러 억울하게 죽어가는 사람이 젊은 윤동주의 눈에도 자주 목격되었을 뿐만 아니라 윤동주 자신도 언제 죽을지 모른다는 압박 관념이 머릿속에 팽배했을 것이다. 그렇게 암울한 시대를 살다 후쿠오카 감옥에서 생을 마감한 젊은 윤동주의 영혼을 위로하고 영혼만이라도 훨훨 날 수 있도록 시를 쓰고 있는 장웅상 시인에게 감사한다.

나는 이탈리아 피사에 살고 있어
나는 기초 체력이 약하게 태어났어
내가 태어날 때 몸이 조금씩 장애가 있었고
지금은 내 몸이 많이 옆으로 기울어졌어
내 원래 직업은 종지기였지
내겐 절묘한 타협의 비밀이 숨어 있어
나는 현대의술로 고칠 수 있대
내 몸이 남들과 똑같다면 누가 나를 만나러 오겠어
세계에서 매년 100만이 넘는 사람들이 날 보러 와
나는 마음속으로 그들에게 Grazie*라고 말해
수많은 사람들이 나와 사진을 찍고 싶어 카메라 셔터를 눌러대지
나는 모델 수입으로만 연간 6억 달러를 벌어들이지
장애자도 모델이 될 수 있어
나는 어떤 일이 있어도 절대로 넘어지지 않을 거야
세상 살다 힘든 일이 있으면 열심히 살아가는 날 생각해
비록 몸이 기울었다고 내 마음까지 기운 건 아니야
나는 항상 이 자리를 굳건히 지키고 있을 거야
이쯤 되면 내가 누군지 알겠지
내 이름은 사탑이야

* Grazie : 고맙다는 뜻의 이탈리아어

- 「장애자도 모델이 될 수 있다」 전문

이 시는 이탈리아 토스카나주 피사시에 있는 '피사의 사탑'에 관한 시다. 이 탑은 1173년에 시작해 1372년에 완공되었는데, 일명 세계에서 가장 유명한 부실공사의 대표적인 건축물이다. '사탑'이란 '기울어진 탑'이라는 뜻이고 피사라는 도시에 있는 피사 성당의 탑이라 피사의 사탑이라 불리는 것인데, 높이 56m의 탑으로 5도 정도가 기울어진 탑이다. 이 탑은 처음 공사를 할 때부터 기울어졌다고 한다. 피사라는 도시가 원래 이르노강의 범람 지역에 세워진 도시인데, 지반이 약해 설계 단계 때부터 문제가 제기되었다고 한다. 1173년에 공사가 시작될 당시에 이미 탑은 기울었으나, 방치하기를 반복해 200년 후인 1372년에 완공되었는데, 방치가 침하된 지반이나 건축된 건물의 강도를 높이는데 효과를 나타냈고 수없이 많은 보강과 리모델링을 통해 오늘의 역사를 이어올 수 있다. 지금도 많은 사람들의 우려와는 달리 입장료만 내면 탑의 꼭대기까지 올라가 볼 수 있다고 하니 아이러니하다. 장애라는 말은 장애를 가지지 않은 사람들의 시각에서 하는 말이다. 흔히 비유하기를 애꾸눈이 있는 염소의 마을에서는 두 눈이 있는 염소가 장애의 대상자다. 이 세상에 장애를 가지지 않은 사람은 아무도 없다. 아기가 모든 부모는 태어날 때 손가락 발가락부터 온전한지 먼저 확인하지만, 그 아기가 뇌성마

비나 다운증후군 환자인지는 금방 알 수가 없다. 선천적으로 팔다리가 없거나 뇌성마비, 다운증후군으로 태어나는 것보다 부모가 날마다 싸우고 이혼하며, 아이를 학대하는 것보다 나쁜 장애는 없다. 새로 지은 건물보다 무너진 '카라카스 황제의 욕장'이나 기울어진 '피사의 사탑'이 관광객을 이끌 수 있는 것은 사연을 중시하기 때문이다. 나는 문학잡지를 발행하는 사람이다. 그리고 그 이름을 ≪스토리문학≫이라 지었다. 사람들은 "왜 ≪스토리문학≫이라 이름을 지었느냐?"고 내게 묻는다. 시가 감상만 있어서는 문학이 될 수 없다. 내게 저녁노을이 슬픈 이유는 '42세의 젊은 나이로 노을이 슬프게 붉던 여름날에 생을 마감한 엄마가 있기 때문'이라는 스토리가 있어서다. 장애자를 장애가 있는 사람으로 바라보는 사람(전자)은 장애자를 같은 사람으로 바라보고 함께 하려는 사람(후자)에 비해 폭력적이며 인간미가 떨어진다. 그리고 두 경우 모두 문학의 소재로 쓰일 수 있지만, 장애를 드러내 일반인의 우월성을 강조하는 것보다, 장애자들의 척박한 환경을 고발하고 개선을 위한 글이 문학이 추구해야 할 방향이라 한다면, '장애자도 모델이 될 수 있다'는 가정은 지극히 타당하며 평등적인 개념의 관찰이다.

4. 상상력과 믿음

계절의 여왕 오월, 나에게도 행운이 찾아왔다
고양시에서 꽃을 사랑한 올해의 인물로 나를 초대했다
초대장을 들고 한걸음에 고양궁으로 달려갔다
2023 세계꽃박람회는 수많은 사람들로 문전성시를 이루고 있었다
나는 꽃무늬옷을 입은 의장대의 사열을 받으며 궁 안으로 들어갔다
박람회장 안에서 수많은 모델들이 다양한 색깔의 옷을 입고 자신들만의 자태를 뽐내고 있었다
오늘의 핫 플레이스인 판타지 정원으로 향했다
멀리서 봐도 아름다운 여인들은 가까이에서 보니 더더욱 아름다웠다
앞에 있는 한 여인이 내게 손을 내밀었다
그녀와 가볍게 악수를 나누었을 뿐인데 내 손에 피가 맺혔다
그녀의 고운 손에는 삶의 시련들이 알알이 박혀 있었다
예수님께서 가나안 여인의 간절한 간청에 응답하듯
그녀는 가시 박힌 손으로 환하게 웃고 있었다
축제가 끝나고 궁을 나오는데 그녀가 내게 잘 가라고 손을 흔들었다
오월의 따뜻함 속에 그녀가 내 손에 남긴 꽃향기가 구찌블룸 향수보다 향기롭다

– 「장미의 손」 전문

장미는 두 가지 의미를 내포하는 식물이다. 우선 장미는 꽃의 색깔에 따라 그 꽃말의 의미가 다르다. 붉은 장미는 '사랑, 아름다움, 존경'을 나타내고 흰 장미는 '순수, 순결, 애정'을 나타내며, 노란 장미는 '질투, 배려, 우정'을 나타내며, 색깔을 떠나 장미의 꽃말은 '기적, 불가능, 맹세' 같은 매우 크고 굵은 선의 용어를 내포한다. 그것은 외면에 따른 말일 것이다. 장미는 예쁘지만, 가시가 있다. 장미가 가시를 가지게 된 것은 장미를 뜯어먹으려는 동물로부터 자신을 보호하고 효과적으로 자랄 수 있게 하는 환경을 만들려는 데서 생긴 식물의 자구책이다. 가시는 '시련, 시기, 질투'를 상징한다. 가시밭은 들어가지 못할 금단의 땅이며 가시는 철조망 안에서 억압받는 백성을 연상시킨다. 예수님은 십자가에 못 박히기 전, 십자가를 지고 골고다 언덕을 오르며 고난의 가시밭을 걸어가야 했다. 그리고 마침내 우리의 죄를 사하기 위하여 십자가에 못 박혀 죽으셨다. 그 선혈은 마치 장미꽃처럼 붉었으리라. 그 못은 장미 가시처럼 아프고 따가웠으리라. 장웅상 시인은 필자가 강의하는 고려대 미래교육원의 시창작과정에서 여러 학기 동안 공부했다. 이 시는 재학 중에 야외수업으로 고양시 세계꽃박람회장에 가서 쓴 시다. 보통 사람들은 장미의 화려함을 노래한다. 그렇지만 요즘 장웅상 시인이 보는 것은 모두 예수님의 사랑과 역사에 의해 만들어진 피조물로 보인다. 그리고 그 피조물은 예수님과의 인연이 깃든 피조물이다. 그리고 자신을 이 땅에 태어나게 해 주시고, 우리의 죄를 사해주심에 감사한다. 그래서 그는 고양시 세계꽃박람회장이 있는 꽃들과 화려한 장미가 아름다운 여인으로 보이는 것이 아니라, 가나안 여인이 예수님께 간절한 간청을 올리는 것처럼 보인다. 그래서 "그녀는 가시 박힌 손으로 환하게 웃고 있었다"고 표현한다. 가만히 생각해보면 면류관을 쓰신 예수님과 발등에 보혈의 피를 흘리시는 예수님의 모습이 장미 안에 오버랩되는 것 같아 장웅상 시인의 시를 읽으며 은혜를 얻는다.

죽전역 새에덴교회에 가면 그를 만날 수 있습니다
그는 설교단 위에서 언제나 당당합니다
그의 두 어깨도 항상 당당합니다
안경 너머 그의 열정이 불사조가 되어 타오르고 있습니다

누구나 한 번뿐인 생에서 바람에 흔들리기 마련입니다
흔들리는 그에게 너라는 계절이 찾아왔습니다
그는 주님의 말씀들을 영혼으로 받아 적고
그 말씀들은 영혼을 어루만지는 시가 되었습니다
그는 사막을 옥토로 만든 꽃밭여행자입니다

윤동주는 별 헤는 밤을 노래하고
그는 다시 별 헤는 밤을 노래했습니다
그의 인생의 빈 노트에는 아직도
주님이 주어로 채워지고 있습니다

그는 어젯밤에도 꿈을 꾸었습니다
주님은 수많은 별 중에서 그라는 별을 택하셨습니다
주님은 그의 지친 옷깃을 여미셨습니다
주님은 그에게 사랑도 주셨습니다

그는 외로운 선율을 찾아서 떠납니다
그는 갈릴리에서 첫사랑의 추억을 생각합니다
그는 평화의 꽃길을 활짝 열고
하모니카로 어메이징 그레이스를 멋지게 연주하고 있습니다

신의 놀라운 은총을 에워싸는 전율이
프라미스 콤플렉스 성도들의 마음 위에서
영원히 울려 퍼지고 있습니다
그의 마음 깊이 파고든 피리의 선율이
영혼의 날개를 달고 힘차게 날아오르고 있습니다

* 새에덴교회 소강석 담임목사

– 「맨발의 소명자(召命者)*를 소명(疎明)하다」 전문

요즘 장웅상 시인은 새에덴교회에 나가며 열심히 신앙생활을 하고 있다. 새에덴교회는 경기도 용인시 수지구 죽전로 100에 위치해 있다. 나는 새에덴교회도 가봤고 소강석 담임목사님도 만나 뵈었다. 일찍이 수많은 유명 목사님들을 만나 보았지만, 소강석 목사님처럼 소탈하고 우리 여린 백성의 편에 서신 분은 많지 않다고 생각한다. 소강석 목사님 또한 장웅상 시인이나 나처럼

시인이시다. 2015년 초 나는 천상병문학제를 여는 주간 출판사의 대표였고 소강석 목사님은 내가 운영하는 출판사 '도서출판 문학공원'에서 『어느 모자의 초상』이라는 시집을 내셨다. 그때 나는 그 시집의 출판 문제로 새에덴교회에 갔었고 소강석 목사님을 뵈었다. 그때 뵌 소강석 목사님의 소탈함과 시적 완성도, 그리고 서민적인 작품의 감동적인 내용에 대해 작품해설을 썼고, 그 시집은 그해 가을에 경상남도 산청군 지리산 중턱에 위치한 중산리 천상병문학비 앞에서 펼쳐진 천상병문학제에서 엄정한 심사에 의거 수많은 경쟁을 물리치고 천상병귀천문학상을 수상하셨다. 그 후 나는 자주 기독교방송과 유튜브 등에서 소강석 목사님의 설교와 소식을 접하고 있다. 우선 소강석 목사님은 하나님 말씀을 성경 말씀에 따라 거짓 없이 증거하고 전하며 몸소 실천하는 분이다. 그의 카랑카랑한 목소리에는 하나님의 사역자라는 사명감이 들어 있어 언제나 자신감에 차 있고, 그의 손에는 하나님의 사랑을 전달하려는 따스함이 묻어 나오며, 그의 눈은 늘 낮은 곳으로 향해 소외되고 어려운 이웃을 바라보고 있다. 한가지 실례를 들자면, 그는 해마다 해외에 살고 있는 6.25 한국전쟁 참전용사를 초청해 감사하는 마음을 전하고 있다. 이는 세계 꼴지의 나라에서 이제 세계 10대 선진국이 된 우리나라의 정부에서도 하지 못하는 사업으로, 보는 사람으로 하여금 감동의 눈물을 흘리게 한다. 앞으로 하나님의 손길이 새에덴교회와 소강석 목사님의 머리 위에 영원하셔서 우리나라가 복음의 나라가 되는데 소강석 목사님의 영도력이 방방곡곡 구석구석에 펼쳐지기를 간절히 기도한다. 그리고 늦게나마 장웅상 시인이 새에덴교회의 신도가 되어 소강석 목사님의 설교를 들으며 기쁨과 열심으로 믿음 생활을 하고 있다고 하니, 멀리서 살고 있는 나는 부럽기도 하고 감사하기도 하다.

5. 나오는 말

사람들은 외모로 늙고 젊음을 판단한다. 그러나 나는 '상상하는 자인가? 회상하는 자인가?'에 초점을 두어 늙고 젊음의 척도를 삼는다. 전철의 노인석에 앉은 대부분의 노인들은 "왕년에 내가 말이야."라든지, "나 때는 말이야."로 '라떼'를 젊은이들에게 주입하려 애쓴다. 그리고 한 번 정해진 틀, 즉 '왼손으로 밥을 먹는다.'든지, '어른보다 먼저 먹는다.'든지, '어른에게 인사를 하지 않는다.'든지 하는 것에 대해 문제를 제기한다. "여자가 아침에 남의 집에 들어가면 재수가 없다.", "안경 낀 사람이 첫 물건을 개시하면 그날 장사가 안 된다.", "미역국을 먹고 시험을 보면 떨어진다.", "4번은 재수가 없다." "빨간 글씨로 이름을 쓰면 죽는다.", "다리를 떨면 복이 나간다." 같은 남존여비나 봉건사상에 기인한 가치관을 바꾸지 않는 한 그런 사람은 여자나 젊은이로부터 존경

받기 힘들고 꼰대 소리를 들어야 한다. 왼손으로 밥을 먹어도 되고, 어른보다 먼저 먹어도 된다. 다리를 떨어도 되고, 어른이 먼저 인사를 해도 좋다. 해서 안 되는 일도, 늦어서 못 하는 일도 없다. 집을 팔아서 여행을 가도 괜찮고, 직장을 그만두고 여행을 가도 좋다. 고려대 시창작과정에서 에베레스트를 7,000m까지 다녀온 80대 노인이 있었다. 다들 연세에 놀라며 어떻게 그 높은 데를 다녀오셨느냐고 물었을 때 그는 "한 발 한 발 올라갔다 왔지요."라고 대답했다. 80된 노인이 요트를 타고 태평양을 횡단해도 안 될 일이 없으며, 어릴 적 가난 때문에 하지 못했던 공부를 80에 해도 괜찮다. 시쓰기는 그런 용기 내기다. 코끼리를 냉장고에 넣으라면 사람들은 '그 큰 코끼리를 냉장고에 어떻게 넣느냐?'고 묻겠지만, 코끼리를 넣은 방법은 "1. 문을 연다, 2. 코끼를 넣는다, 3. 문을 닫는다."이지 냉장고의 크기를 묻는 게 아니다. 코끼리를 1,000마리 이상 넣을 수 있는 냉동창고도 얼마든지 있다.

이상에서처럼 장웅상 시인의 시 6수를 살펴보니 그는 감히 어떤 종도 추종할 수 없는 인간 최고 능력의 기반인 상상력을 전제로 하나님 말씀을 증거하고 있었다. 장웅상 시인은 공부의 신답게 질문의 해답을 쉽게 유추하는 능력이 출중했다. 장웅상 시인의 시는 모든 가능성에 문을 활짝 열고 있었고 타당성을 확보하고 있었다. 그는 남과 다르게 말하는 법을 알고 있었고, 남과 다른

눈으로 보기 위해 특별한 도구를 장착하고 있었으며, 그 밑바탕에는 튼실한 기독교 사상이 반석처럼 자리하고 있어, 주변사람들로부터 존경과 사랑을 받을 위치를 스스로 만들어내고 있었다. 이처럼 사려 깊은 두 번째 시집의 상재를 진심으로 축하드린다.

장웅상 제2시집

장미의 손

초판발행일 2024년 9월 10일

지은이 : 장웅상
펴낸곳 : 도서출판 문학공원
발행인 : 김순진
편집장 : 전하라
디자인 : 김초롱
등　록 : 2004년 3월 9일 제6-706호
주　소 : (우편번호 03382)서울 은평구 통일로 633
녹번오피스텔 501호 스토리문학사
전　화 : 02-2234-1666
팩　스 : 02-2236-1666
홈페이지 : https://blog.naver.com/ksj5562
이메일 : 4615562@hanmail.net

※ 책값은 뒤표지에 있습니다.